商务礼仪与
职业形象管理

BUSINESS ETIQUETTE AND
PROFESSIONAL IMAGE MANAGEMENT

贾惠 著

中国纺织出版社有限公司

内 容 提 要

本书是一本帮助商务人士提升礼仪素养和职业化形象的实用工具书。全书以图文并茂的形式介绍了商务着装礼仪、商务交往礼仪、商务沟通礼仪、商务宴请礼仪、办公室礼仪和职业形象管理方法等，并给予大量实用礼仪建议，旨在帮助商务人士打造一个更为得体、更有魅力的职业化形象，是一本专业、实用、操作性强的职场工具书。

图书在版编目（CIP）数据

商务礼仪与职业形象管理 / 贾惠著. -- 北京：中国纺织出版社有限公司，2025. 9. -- ISBN 978-7-5229
-2406-9

Ⅰ . F718

中国国家版本馆CIP数据核字第2025GV0627号

责任编辑：刘 丹　责任校对：王花妮　责任印制：储志伟

中国纺织出版社有限公司出版发行

地址：北京市朝阳区百子湾东里 A407 号楼　邮政编码：100124

销售电话：010—67004422　传真：010—87155801

http://www.c-textilep.com

中国纺织出版社天猫旗舰店

官方微博 http://weibo.com/2119887771

北京雅昌艺术印刷有限公司印刷　各地新华书店经销

2025 年 9 月第 1 版第 1 次印刷

开本：880×1230　1/32　印张：8.5

字数：150 千字　定价：68.00 元

凡购本书，如有缺页、倒页、脱页，由本社图书营销中心调换

前　言

导读　商务活动的成功，离不开礼仪的赋能

先贤孔子说"不学礼无以立"，荀子说："人无礼则不生，事无礼则不成，国无礼则不宁。"为人处世、商业活动、国家治理都需要礼仪。在英国、法国等欧洲国家，懂礼仪也被认为是做人成功的标志之一。无声的行为举止也是身份、教养，甚至阶层的体现。礼仪，是为人处世的礼貌和礼节，是文明的表征，是律己、敬人的外在表现形式和行为方法，是约定俗成的行为规范。

礼仪的核心是尊重，是为他人考虑的胸襟和风度。在商务交往中，不卑不亢的姿态是比较理想的。过度谦卑显得不够自信，自信过头又显得浅薄傲慢或对自己没有客观的认知，给人留下不踏实、不靠谱的印象，很难得到他人的信任和敬重。要做到不卑不亢，需要做到中正。而要做到中正，就不能"过"与"不及"，需要掌握其中的分寸感。而商务礼仪行为规范能帮助我们找到人际交往的最佳尺度，尤其通过大量的行为训练

和长期的践行，可以帮助商务人士培养得体的举止，修炼稳当从容的特质，这也是每一位职场人士管理自己、约束自己、驾驭自己的过程。

何谓商务礼仪？顾名思义，商务礼仪是人们在商务活动中，为维护企业形象和个人形象，对交往对象表示尊重和友好，形成约定俗成的行为规范和惯例；是人们在商务场合适用的礼仪规范、交往艺术和价值典范，它是礼仪在商务活动中的运用和体现。

大部分职场人士都要通过与他人有效的合作来达成职业生涯目标，而礼仪就是开启良好人际关系的一把钥匙。在职场，懂礼知礼、举止得体更容易赢得他人的好感和信赖，能更好地彰显个人职业素养，使他人更乐于与你共事，也更容易达成事业目标，这样的人在职场上会更受青睐。

随着商业活动越来越全球化，商务礼仪扮演着越来越重要的角色。正如有人所说，你的商务形象价值百万。商务礼仪已经成为职场人士的必备素养，越来越多的企业把商务礼仪培训作为员工的基础培训内容。越来越多的企业意识到，商务礼仪培训带来的潜在价值。商务礼仪培训是企业打造职业化团队、提升品牌形象和美誉度的必要培训内容，也是提升企业竞争力和软实力的有效方式。

礼仪，是以敬的姿态、舍的智慧，来赢得双方和谐的关系。相信一个谨守商务礼仪的人，在工作上会尽自己的本分、富有责任感，在商务合作中会具备双赢思维，能赢得更多合作伙伴的信赖，促使事业更上一层楼。

可以说，礼仪是一个人的信用指标！

本书能给你带来的收获和价值

本书是一本帮助商务人士打造更得体、更有魅力的职业化形象以及提升人际交往能力的礼仪指南，包含了着装礼仪、仪态礼仪、商务交往礼仪、言谈沟通礼仪、商务宴请礼仪等诸多礼仪细节。结合商务活动中常遇到的问题展开，便于商务人士实际运用，以助力商务人士塑造得体、自信、富有魅力的商务形象。

书中个人品牌和职业形象打造部分，可以帮助商务人士在商务交往中给人留下更好的第一印象，开启愉悦交往的大门。

商务交往礼仪可以帮助商务人士在商务活动中展现出更得体、自信的形象，提升交往对象的好感度和信赖感。

言谈沟通礼仪则包含了面对面沟通和线上沟通的场景，拉近与交往对象的距离，提升专业度。

办公室礼仪则侧重与同事和领导的交往礼仪，帮助自己建立更好的团队关系，赢得领导的青睐与同事的认可。

商务宴请礼仪可以帮助商务人士在社交场合更加得体自信，不失礼、不怯场，宾主尽欢，为商务合作打下良好的基础。

本书能顺利出版，要感谢我的学生黄梅在书稿整理工作中的辛勤付出。因笔者水平有限，书中如有表达不妥之处，敬请批评指正。

贾惠

2025 年 3 月

目录

第一章
你的形象，就是你的个人品牌

第一节　个人品牌与职业形象塑造

一、何谓"个人品牌"

品牌"Brand"的译意是烙印，我理解的就是刻在他人心目中的形象。比如卓雅礼仪是个品牌，它的名称、广告词、每天分享的观点、具体内容、图片都在传递着一个品牌的形象。他人对它的认知就是品牌形象！

个人品牌就是他人对我们的印象，关乎我们的形象、名声以及声誉。我们每个人都是"我"牌有限公司的执行总裁，负责"我"品牌管理的一切事务。

二、为什么要做个人品牌管理

我们每个人都是自己的品牌，就像每个产品都有一个品牌。有些品牌寂寂无名，有些品牌名震天下；有些品牌美誉度极佳，而有些品牌客户不会第二次光顾。

首先，良好的个人品牌可以帮助我们在职场上更容易达成目标。

你从事什么职业？你有怎样的个性特质？你想展现怎样的自己？你期望他人眼中的自己是怎样的？这些都关乎你的个人品牌。如果你是律师，他人看到你会有这方面的职业联想吗？如果你是大学教师，你看起来以及交流过程中是否体现出知性、睿智、思想深邃的职业特质？如果你是广告创意人员，你的奇思妙想又将如何展示给别人呢……

无论如何，不管你是否有意做自己的品牌，事实上，你的品牌都已经存在了，因为你这个个体已经存在了。所以：

你的品牌＝你的自我认知＋他人眼中的你

其次，良好的个人品牌可以为我们达成溢价或溢量的效果。

在市场营销的范畴里，良好的品牌管理可以带来溢价效果（同样的产品可以卖得更贵）或者带来溢量效果（同样的价格可以卖得更多），做好个人品牌也能达到同样的效果。比如，你是做奢侈品营销的，如果你有良好的个人品牌形象，就可以卖得比别人更多，甚至还可以比别人更贵。这就是个人品牌带来的溢价和溢量效果！

三、如何塑造得体的职业形象

商务人士想要在职场成功，就需要打造良好形象，让形象先于能力展示出来，可以减少很多不必要的沟通成本。

《为什么美丽的人更成功》的作者，德克萨斯大学经济学家丹尼尔·S.哈莫梅什博士的研究发现：相对于外表平庸的人，外表有魅力的人士更容易征服面试官和客户，求职和晋升速度更快，销售业绩更好，薪酬更高。

这里所说的"外表有魅力"不仅仅指长相，而是我们塑造的整体形象。包括长相、身材、着装、面容、言谈、举止、修养、生活方式等。在"颜值经济"的今天，形象已然成为事业成功的一个关键要素。一个良好的形象，代表的是自信、尊严、力量，甚至是能力。

有人说性格写在脸上，人品刻在眼里，生活方式显现在身材上，情绪起伏表露于声音，修养看体态，审美看着装，层次看鞋子，能不能合作吃一顿饭就知道了，可见细节的重要性。那如何塑造更得体的职业形象，如何成功地包装自己？或许我们可以从以下几个方面入手。

1. 着装要得体

西方有句谚语："学会穿着得体，然后一切便会水到渠成。"杨澜女士也曾经说过："没有人有义务透过你邋遢的外表发现你优秀的内在。"得体的着装可以让客户觉得你专业且可靠，从而赢得客户的信任，职场的发展当然会更顺畅一些。

怎样才算得体？建议职场人士要根据场合着装，并要了解不同场合的着装规范，即你的形象要符合出席的场合和所扮演角色的需要，并兼具内涵和形式之美。在本书第二章的内容中我会和大家详细分享商务人士形象打造的要点和建议。

2. 拥有良好的仪态

当一个人身姿挺拔，举手投足谦和有度，同时交流时眼神自信，能用坚定、礼貌又热情的语气表达，会让其看起来更像是位能掌控局面的成功者。

3. 掌握商务礼仪

你是否认为着装得体、举止彬彬有礼的人士更容易赢得信任、得到更多的好感呢？相信答案是不言而喻的。这些甚至会深深影响一个人的职业生涯和人生轨迹。

"一切事败多出于轻慢，一切轻慢皆是少了敬畏。"在职场，得体地表达对交往对象的尊重是建立良好人际关系的基础。商务礼仪是职场人士需要具备的软技能，掌握了这项技能会让交往对象觉得你专业、得体、可靠。同时自己深谙这些规则，也会更加自信。

4. 了解餐桌礼仪

中国人常说"餐桌礼仪见修养"。西方也有类似谚语"餐桌礼仪是教养的试金石"。我们在餐桌上品尝美味，我们也在餐桌上结交友人。通常我们在品味食物时，别人也在品味我们。如何做到不失礼、不丢面、不露怯，掌握餐桌礼仪还是有必要的！在这些场合应对得体、谈笑风生，也能体现一位职场人士对不同场合的驾驭能力。

5. 永远不要停止学习和践行

我对礼仪的认知和专业知识的获取主要来自两方面：一方面是阅读大量文献，然后去归纳、总结要点；另一方面是通过教学、分享不断去认证并巩固认知。最关键的还是要自己不断地学习和践行。

在这个过程中，新的行为模式会代替旧的行为模式，帮助我们养成更好的习惯。

礼仪是管理自己当下言行举止的艺术，如何管理？首先，需要对自己的行为有觉知，其次，不断加强对自己的管理。在日复一日、年复一年的践行中，锻炼出的冷静、理性、克制是非常宝贵的。因为冷静、理性、克制的人不会总被惰性和欲望所控制，进而能更理性、更智慧地做出选择和行动，所谓谋定而后动。在成年人的世界里，更自律，才能更自由！

最好的投资是投资自己，让自己内心强大而自信，外在优雅而得体。

第二节　管理职业形象就是管理个人品牌

首先我们要明确我是谁，我是做什么的，目标受众是谁。品牌管理经常讲定位。比如，我的职业定位是做国际礼仪和形象培训咨询，受众主要是企业商务人士和职场精英，那我就需要从自己的职业定位出发去管理自己的个人品牌。

我们可以通过管理职业形象来管理个人品牌。下面给大家分享一些具体建议。

1. 你的个人形象

以我自己为例，我是一名商务礼仪培训师，所以只要是商务场合都会展示一个较为职业的形象。只要是工作场合，在穿衣打扮、言谈举止等方面都尽量呈现出专业形象，务必符合自己的职业特质和场合需要。

2. 通过社交媒体展示的照片形象

建议通过各种社交媒体展示的形象，如微信朋友圈、微博、抖音、视频号等都保持统一的风格，不要过度美化。强烈建议请一位专业的摄影师，拍张能够展示你职业特质的照片用于社交媒体。

3. 你的名片和书写文具

每次我去拜访客户，和合作伙伴洽谈都会交换名片，无论是电子形式还是纸质形式，名片都是非常重要的一个自我展示的载体，当然企业通常会有规范的模板来制作名片。

另外拜访客户建议一定要随身携带记事本方便随时记录，公司的宣传资料建议放在一个质量上乘的文件夹里，细节会让客户或合作伙伴感受到你做事的用心。如果随身携带一支漂亮精美、书写流利的笔，也能额外加分。这些细节都能展示你的个人形象、职业风范和专业态度。

4. 你的驾乘工具

汽车不仅仅是从 A 点到 B 点的交通工具，也是一个人个性、品位和生活态度的展示。

每个汽车品牌都有独特的品牌文化和品牌主张，有些汽车品牌倡导安全；有些汽车品牌定位奢华；有些品牌低调；有些品牌比较高调张扬……汽车品牌也是你价值主张的展示，表明了你的生活态度和人生追求。

无论是低调还是奢华，无论是国产品牌还是进口车，从里到外它都应该是很干净的。一辆车，乱糟糟脏兮兮，里面堆满杂物，或者充满烟味，也反映出车主的性格和生活习惯。

还有些精英人士为了更有效地利用时间，选择专车服务，这也是个人形象和生活态度的展示。

5. 你的工作空间

记得我的前任上司——汽车界赫赫有名的赵福全院士说过这么一句话：你连自己办公桌都管理不了，我怎么相信你能管理一个团队，我怎么相信你能有清晰的工作思路。所以，自己所在的小环境包括办公桌也是个人形象的一部分！

现在我喜欢极简风格，不仅是办公室的布置，还有着装、生活方式、饮食等都崇尚极简。

工作空间强烈建议做好5S管理，桌子应该干净整洁，文件分类管理。只有办公桌管理好了，工作思路才会更清晰。有人过来参观的时候，从你良好的职业形象以及办公空间，能够看出你是位严谨、自律、靠谱的专业人士。所以，用挑剔的眼光审视下自己的工作空间吧！

【礼仪心语】

我们每一个人都是"我"牌有限公司的执行总裁，负责"我"品牌管理的一切事务。每个人都应该对自己的形象负责！

——贾惠

服装、仪态都是无声的语言，表达你是谁，表达你的主张、态度和内在性格，表达你推崇的生活方式和审美。你的形象就是你的名片！

——贾惠

第二章
你的形象，就是你的名片

第一节　以貌取人，符合国际惯例

美国一位形象设计专家曾经对美国财富排行榜前 300 位中的 100 人进行过一项关于良好形象在职场中作用的调查。调查的结果显示：97% 的人认为，如果一个人具有非常有魅力的外表，同时工作能力又强，那么他在公司里会有更多的升迁机会；92% 的人认为，他们不会挑选不懂得穿着的人做自己的秘书；93% 的人认为，他们会因为求职者在面试时的穿着不得体而不予录用。可见形象对于职场人士的重要性！

一个人的形象，既展现着一个人的性格和生活方式，也展现着一个人的价值取向和人生追求。当一个人的外形是卓越的，内在心灵也是美的，那么你将会感受到他的超凡魅力！

可可·香奈儿（Coco Chanel）女士曾经说过："20 岁的长相是天生的，30 岁的形象是生活雕刻的，50 岁的样子是自己选择的。"形象是多维度的，它包含容貌、身材、着装、气质、言谈举止、待人接物等，往广了说，还有个人的学识修养、文化底蕴等。容貌是天生的，我们通常很难轻易改变，但是整体形象可以通过管理得到提升，仪态和气质也可以靠修炼改善。

在任何时代，得体的形象都更容易赢得交往对象的青睐和信任。尤其要想在职场上获得成功，形象需要走在能力前面，毕竟没有人有义务透过一个人邋遢的外表去发现这个人优秀的内在。

形象≠长相，它是一个整体，其中包含表情、发型、面容、身材、着装、气味、举手投足、待人接物等。比如，我们面对面沟通时会观察对方的眼睛，自信温暖淡定的眼神最吸引人；其次看着装，尽显品位和生活方式；然后看举止，品行、修养、才华、气度都在这里；再听声音，语音语调都是心性；最后会仔细听内容，遣词造句中尽显底蕴、内涵和深度。不得不说，以貌取人，也是有一定道理的。

第二节　魔鬼藏在细节中，仪容无小事

　　仪容是管理个人形象的第一步。一个干净、干练的发型会令人显得更加清爽；一个得体精致的妆容会令人更有精气神、更自信；平整、洁净的指甲会给人留下注重细节的印象。这些虽是细枝末节，但无不体现一位职场人士的形象，也是对交往对象的尊重。

一、淡妆浓抹要相宜

　　化妆并不是在近代才兴起的风尚，中国女性化妆从春秋时期就有记载，化妆品有胭脂、口脂、眉黛、香粉，还有花钿、额黄等，更有"宫内三千粉黛齐梳妆，宫墙外现桃花溪"的盛况，每个朝代都有其流行的妆容。不只是中国，欧洲上流社会女性更是将化妆作为彰显身份的方式之一。

　　如今各类化妆品琳琅满目，各种风格的妆容不胜枚举。无论潮流如何变化，化妆都是为了强调脸部的优点，掩饰其不足，从而展示更自信、更有神采的自己。在职场中，女性化妆也表达了对交往对象的重视和尊重。

不化妆可能会显得过于寡淡，精气神不足，但是妆容过浓同样也会与职场氛围格格不入。我曾听朋友说过这样一件事情，在某豪华品牌汽车 4s 店内，当天该店总经理外出回来，进门发现前台接待人员竟然化着烟熏妆。这位总经理当场就要求这位女士卸掉浓妆，并扣除了这位女士和部门负责人当月的奖金。

这位总经理会关注到一位一线员工的妆容并不是小题大做，因为在职场中，女士需要适当化妆来修饰面容，但如果浓妆艳抹就会降低专业感。尤其前台作为客户接触公司的前端窗口，留给客户的第一印象非常重要。

对职场女士来说，化妆讲究精致、得体。有如下一些建议。

1. 淡妆上岗

日常工作场合，建议女士以着淡妆为宜，"妆成有却无"才是化妆的最高境界。比如眼影建议选择大地色系，更适合职场和亚洲人的肤色，同时谨慎大面积使用珠光和亮片，过于华丽可能会令交往对象的关注点转移。如果化妆时还考虑到与环境、与服装协调就更技高一

筹了。

另外，也需要规避一些职场妆容常见的雷区，比如底妆过白显得非常不自然，甚至脸和脖子色度有明显的分界线；为了显得年轻或者面部饱满腮红涂得非常重；为了突出美丽的眼睛而使用很夸张的假睫毛；只化眼睛不化眉毛；为了突出唇部的饱满而使用大量唇蜜等，这些都是一个得体、精致妆容的减分操作。

2. 区分场合

女士妆容要根据时间、场合的不同而适当改变。妆容不仅需要适应相应的场合，还要与你的服饰、气质、风格相配合，比如优雅风格的晚礼服建议搭配干净精致、稳重的妆容，浓烟熏或是可爱的无辜妆都不适合。

3. 化妆避人

化妆、补妆都是比较私密的行为，在公众场合进行会不太雅观。需要化妆或者补妆时，建议到休息室或者洗手间进行。

4. 化妆品收纳

化妆用品是否洁净，收纳是否整齐会体现出一个人的生活习惯、生活品质和对细节的追求。建议将所有化妆品有秩序地放在化妆包内，方便拿取。

出门随身携带的补妆用品也建议用便携式化妆包收纳起来，这样在需要时就不至于"翻箱倒柜"了。

以往，为了在以男性为主宰的职场中谋得一席之地，职位较高的女性往往会有意识地忽略自己的性别特征，较少选择化妆。英国著名的形象公司 CMB 的一项研究显示：在公司中身居高位的女性，形象和气质对于其成功的作用非常关键。所以越来越多的女性高管人员都非常善于把优雅动人的女性魅力融入自己的整体职场形象，化一个让自己更加精致的妆容当然也必不可少。

对于职场男士而言，建议面容干净、无油光。胡须、耳毛、鼻毛要及时打理，做到面容洁净是基础的要求。

国内男士可能比较少有化妆的习惯，如果有必要，男士也可以适当地修饰皮肤，让自己看起来更加精神。

二、从头打造商务范

发型在一个人的整体形象中占比非常大，不同的发型发色给人的印象是不一样的。披肩发多显柔美，盘发会显得稳重端庄；发色深会让人显得更加稳重，发色浅会让人更显个性化和时尚感。对于职场人士来说，得体、适合的发型会给职业形象和专业感大大加分。

1. 女士发型礼仪

女士留短发会给人呈现干练、利落的感觉，同时也会展现气场和更加飒爽的个性，比如经典影片《时尚女魔头》中梅丽尔·斯特里普饰演的女主编米兰达，一头银色短发气场十足，与她雷厉风行的职场作风非常契合。短发简洁，但是也需要精心打理呵护，使发型看上去舒服、干净、不随意，并且建议定期修剪，保持适合的长度，否则依然会给人懒散、不修边幅的印象。

　　长发的女性在职场最好是束发或者盘发，建议年长一些的女士可以考虑盘发，尤其是重要场合，盘发不仅会显得职业、精神，也会更显高贵，体现权威感。当然，如果到达了一定职场高度，同时也能驾驭整体形象，可以有更多选择，只需做到整体的协调且与职业身份相得益彰即可。

　　除了发型外，不同的发饰也会呈现不同的形象，如果希望塑造稳重又富有品位的形象，发饰样式建议以庄重、大方为前提，同时也建议考虑职场身份，职位越高，饰品越少，则越能体现出气场和权威感。

2. 男士发型礼仪

　　商务男士发型相对女士而言可变化的空间要少一些，可即便是这样还是有一些规则的。职场男士发型首先需要留意的是头发的长度，建议头发前不覆额，侧不遮耳，后不触领，长度合适才会显得更有精气神。发色方面，如果是身处传统行业，建议深色头发为宜，会显得稳重踏实，客户与你合作共事时，相信看到你的第一眼也会更加放心。

　　我在很多培训课程上看到部分男士留着个性十足的发型，比如有些比较年轻的男士想要显得酷一些会在头发间剪出个性化图案；有些男士又会特别不修边幅，后脑勺的头发没有梳理好就来上班了；还有些身处传统行业的男士顶着一头染得很个性发色的头发……这样的形象可能会让客户或领导担心他经验不足，没有经过社会历练，从而失去很多机会。所以男士们，需要特别注意自己的发型，这也是个人形象的一部分，最好是与自己的职业身份、所处行业、企业文化相符合。

　　职业形象打造是一个系统工程，由许多细节构成，而打造商务范的第一步需要从头开始。

三、双手也需细呵护

如果一个人穿戴整齐，面容精致，但是伸出的双手却很粗糙，指甲很长甚至藏污纳垢，那他的整体形象可能会瞬间被打折扣。看起来似乎不起眼的细节往往会体现出一个人真实的生活状态和生活方式。若期望呈现更加得体的职业化形象，手部也需要定期呵护。

首先是指甲长度。建议定期修剪，长度通常以不超过 0.5毫米为宜；倒刺、死皮也要及时处理，显得干净、整洁。很多男士喜欢将小指指甲留长，其作用想必众所周知，有了这一联想，不修边幅的形象也就形成了。当然修剪指甲的动作建议私下进行，不要在公众场合让指甲乱飞！

其次是指甲颜色。为了增强专业感，建议女士不要涂抹颜色过于鲜艳的指甲油，更不要双手做十分复杂、花哨的美甲。可以不涂指甲油，如果要选择指甲油，裸色、裸粉色，在职场是比较安全的颜色。法式美甲也很优雅。当然了，如果你已经到了一定的职场高度，可以驾驭更有风格的造型，那也可以有更多的选择，比如酒红色指甲更显女人味，同时也很优雅，只要与整体造型相得益彰即可。

最后，无论是男士还是女士，都可以进行一些手部护理，滋润的双手是会为形象加分的。

四、闻香识人：香水的隐形密码

在经典电影《闻香识女人》中，男主弗兰克中校仅靠闻对方的香水味，就能识别女士的魅力和气质，包括对方的身高、发色乃至眼睛的颜色，让人感受到香水赋予女人的独特魅力。

同样香水也会让男士魅力指数直线上升。记得一次出差入住丽思·卡尔顿酒店，到达酒店，仪表堂堂的大堂经理过来问候，不经意间飘过一缕淡淡古龙水味道，顿时印象深刻，心想丽思就是丽思，对这个酒店的好感也让我卸下了旅途的疲惫。

据说，在人的记忆里气味比相貌更令人印象深刻，因为味道会直接刺激到大脑神经，很容易让人着迷并铭记。所以说味道，也是一个人独一无二的名片。

习惯使用香水的人通常是对生活品质有更高要求、对细节更讲究的人士。他们举手投足间散发出来的阵阵清香在令身边的人心旷神怡的同时，也令自己的心情更加愉悦。

香水用好了会让我们的形象加分，但是如果选择的味道和使用方法不合适，也可能会让周围的人对我们敬而远之，所以如何挑选香水，如何使用香水是有必要了解的课题。

1. 找到属于自己的"香"

如果能有一款与自己气质性格相配的香水，就能找到属于自己的味道。作为职业女性，日常办公建议用清新淡雅的香水，符合现代女性独立自主的精神，不至于太过妖媚，也避免被人当作花瓶。比如我有六瓶香水，白天在办公室，我会选用英国老牌巴宝莉周末女士 EDP（淡香精），香味清新显得文雅不张扬；有时候也会用香奈儿的邂逅，黄色系列 EDP 的那一款，比较清新，显得更有活力。如果是投标、初次拜访客户我会用香奈儿 5 号，显得比较成熟稳重还有点华丽，融合了奢华和优雅的气息，也比较有女人味；下午茶或者沙龙活动我偶尔会用祖马龙的罗勒与橙花，它给人的感觉是比较放松、甜蜜的；如果是晚上的活动，我会根据自己的心情选择，有时会用香奈儿的嘉柏丽尔或者迪奥的真我，还有祖马龙的牡丹与胭红麂绒香水。

另外洗发水、沐浴露、护肤乳液也尽量系出同门，使自己的香味整体保持协调。

如果是男士使用的话，推荐淡香水和古龙水。国内很多男士可能没有使用香水的习惯，其实现在对于很多人来说，这也是生活方式和品位的体现，适当使用可以提升男士魅力。很多年轻男士会选择 CK 香水，因为味道比较清新又不失男人味；年轻的男孩也可以考虑宝格丽的大吉岭茶，是木质花香调，就像一位暖洋洋的邻家哥哥；30 岁左右的男士可以考虑巴宝莉或香奈儿的蔚蓝（BLEU DE CHANEL）香水，或汤姆·福特灰色香根草，香味有烟草和木质香味混合，被称为男友香；更年长一些的男士可以考虑爱马仕的大地香水，是木质香，彰显了成熟稳重的男人气息。

如果根据品牌来区分的话，香水有两大类：商业香和沙龙香。商业香天然成分很少，大部分是由各种化学产品制作而成的；沙龙香则是由专业制香师调制而成的，会使用比较多的天然材料。我第一瓶香水是巴宝莉的周末女士，当时上完课在新加坡的乌杰路某商场逛街，觉得味道比较淡，闻起来比较清新就买下来了。它是我的第一款香水，每次闻到它就会想起求学岁月，想起新加坡的蔚蓝天空。

买香水建议从三个方面考虑，首先考虑的是在什么场合使用，希望通过香水强化自己哪方面的气质和风格。这个基调定了以后就比较好选了，接下来主要考虑香水浓度和香调。

按照香水浓度来分的话，香水有四大类：最浓的是香精，也就是 Parfum。浓度低一点的是淡香精 EDP（Eau de Parfum），EDP 是淡香精的简称，现在很多牌子都是以 EDP 为主。EDT 是淡香水的简称（Eau de Toilette）：浓度一般在 5%~10%。最淡的香水叫古龙水——EDC：香味可持续 1~2 小时，持续时间短，需要及时补香。

从香调来选择，香调有前调、中调、后调。前调是由挥发性的香精油散发出来的，一般是花香或柑橘类，比较容易挥发，

平均能维持 15~20 分钟；中调也被称为中核，是香水的主要风格构成，当前调的味道散尽，中调的味道才会充分体现出来，它可以持续几小时；香水最后留下来的味道就是后调，是香水的余韵所在，是持续时间最长的，也最能凸显个人气质，比如木质调香水的后调会比较成熟优雅，果香调会显得年轻，花香会显得甜蜜，东方调会显得稳重。

2. 香水使用方法

使用香水可以增加人的魅力，但是使用方法不当，就会变成"扰民"行为。

香水浓度不同，喷香水的方式也是不一样的。

香精浓度高，建议点涂，一点点就够了；EDP（淡香精）的香水可以线涂，通常涂抹在耳后、手肘内侧、脚踝等处。这些位置温度较高，有助于气味散发出来，同时举手投足都会散发香气，自己闻到淡淡的香气，心情也会变好。

清新淡雅的香水是各种场合的百搭款，能够显示出女士的精致和男士的魅力，适合日常生活和工作中选择。香水使用也要留有余地，比如参加他人婚礼或一些重大庆典，建议选择清雅些的味道，不要太引人注目，否则会喧宾夺主。

3. 香水使用禁忌

香水不是任何时间、任何场合都适合，香水如同妆容，最重要的是分清楚场合，否则可能会事倍功半。下面这些香水使用禁忌建议大家规避。

◆ 抽烟最好不用香水，香水混合烟草味的怪香，可能会把周围的人全部赶跑。

◆ 过度使用香水也是不可取的，只会让周围人不舒服。所以，用香切忌太浓、太多，那种从身边经过时刮起一阵香风的人会让人退避三舍。

◆ 女士用男士的香水叫有个性，但男人用女士香水则不合适。

◆ 用香水切忌喷太多香喷喷的发胶，否则香水和发胶味道混合可能会变得很"特别"。

◆ 风尘仆仆的时候最好不要"补香"，还是保持"原味"好些。

◆ 有些场合为显庄重不适合喷香水，比如参加葬礼及宗教仪式；去探望病人或长者时，香水的使用也要慎重，病房的药水味与香水味混合不是很协调；在品酒、品茶、品香时，建议不使用香水，否则显得不专业的同时也影响了酒或者茶的纯正。

4. 香水的保存

香水的保存就像红酒的保存一样，需要避免阳光的直射以及过高的温度。阳光会分解香料成分，过热或者过冷都会破坏各种精油配比的平衡，从而改变香水味道，所以建议将香水放在干燥凉爽的地方。尽量不要将香水放在卫生间，因为卫生间的湿度和温度经常变化，可能会令香水的品质打折扣。

香水瓶的密封也至关重要。在使用香水后，需要确保瓶盖拧紧，避免空气和尘埃进入瓶内影响香气。

香水是一个人的标签，是专属于一个人的味道。让它为你的魅力留香吧！

第三节　商务精英形象塑造攻略

对于职场人士来说，在提升专业能力的同时，也需要展示出良好的职业形象。因为在未了解你的专业能力之前，客户或者合作伙伴会通过外在形象判断你的实力、经验、视野、审美、品位等，无形中也折射出企业文化。从某种角度讲，个人形象就是品牌形象！

职场人士的外在装扮要与自己的身份、职业、场合、年龄、体形等方面相契合，才能呈现出得体的形象。着装是外在形象的重要组成部分，得体、大方的着装会给人留下更专业、更可靠的印象。

一、如何穿对衣服

无论是在"卓雅礼仪"的公众号文章中，还是在我的礼仪培训课堂上，"形象得体"可能是最高频出现的一个词，职场着装，得体永远是主旋律。而商务人士想要着装得体，首先需要考虑以下几个原则。

1. 干净整洁原则

要想获得交往对象的好感，服装干净整洁是基本要求。

想要形象更有质感一些，服装在上身前还需要熨烫平整。我家里有两个熨斗，一个是比较大型的挂烫机，平时居家可以用来熨烫衣物、床上用品等；还有一个便携式的手持熨斗，方便出差随身携带。每次出差到酒店的第一件事就是整理出要穿的衣服，熨烫平整后挂进衣柜，这样在差旅过程中也能保证着装干净、平整，让客户感受到自己对会面的重视。

2. TPO 原则

T、P、O 分别是 Time、Place、Occasion 三个单词的首字母缩写。T 代表时间，P 代表地点，O 代表场合。商务人士在着装时建议综合考虑这三个因素，尤其是场合着装，这样会更加得体，这也是世界通行的着装基本原则。

3. 符合身份

我们的着装需要符合职场身份，体现行业特质。比如律师需要体现他的职业特质和身份，与时尚行业的人着装就会有不同。在得体的前提下，再逐步建立属于自己的风格。

4. 扬长避短

想要扬长避短，需要了解自身的优势和不足，比如肤色、身材等，同时掌握一些搭配之道，彰显自己的长处，弥补自己的短处。比如身材高瘦型男士，穿竖条纹图案的西装会显得更加消瘦，就达不到扬长避短的效果；如果是身材比较娇小的女士，不建议选择太过 Oversize（宽大）的衣服或者廓形太硬挺的衣服，这会显得太过笨重。

个人比较推荐经典款，在购买上更推崇"贵精不贵多"，高质量的经典单品更容易搭配，同时去繁就简，在职场上显得更加得体大方。

得体的形象可以帮助我们赢得他人的信赖，最关键的是让我们更自信更勇敢。

二、职场女性魅力穿搭指南

着装是一张无声的名片，它表达你的主张、表达你是谁、你想以什么样的形象呈现给世界，同时它也体现你的品位、审美、生活方式、职业身份。想在职场成功，建议职业女性的着装不以"美丽"为唯一指标，而是要综合考虑场合、身份、商务着装规范。在职场，得体比漂亮更重要！

女人的美丽和气场经过千锤百炼，通常都有实力支撑，有修养打底，再有得体的形象相得益彰。出入不同场合，职业女性如何塑造得体而富有魅力的职场形象呢？

（一）不同场合着装礼仪

作为职业女性，在职场需要建立专业、可靠、值得信赖的形象。出席的场合不同，扮演的角色不一样，着装也需要有所区别，可以通过服装的款式、面料、颜色来表达不一样的自己。

1. 公务场合

无论平时是怎样的着装风格，正式场合塑造得体、大方的形象是永远不会出错的，一方面符合场合形象要求，另一方面也体现出对交往对象的尊重。女士在公务场合，比如重要会议、论坛等场合，建议着

装端庄得体，可选择套装、套裙，向对方展示自信、严谨、专业、稳重、可靠的形象。如果希望体现女性的柔和，可以选择丝巾、胸针、耳钉等佩饰来中和职业装的沉闷，提亮整体形象。

色彩方面，黑色、藏蓝色、白色、米色、灰色等是比较安全的选择，更能展现专业和权威感。裙长建议到膝盖，形象会更加稳重、端庄。

2. 日常上班场合

日常上班或要接待较为熟悉的客户，这时既要有稳重感又要有亲和力。可以选择一些有设计感的服饰，但大面积的蕾丝、层层叠叠花边个人不推荐，太过女人味的形象，会削弱专业度和权威感。建议款式以简约大气为佳，one piece（一件式）连衣裙、纯色的真丝衬衫、修身的铅笔裙都是不错的选择。裙长到膝盖，再搭配上高跟鞋，能彰显出职场女性的干练、知性、端庄，还有柔美。

丝袜建议选择肤色、无图案的连裤袜。记得曾经我参加过一场论坛，论坛上一位律所合伙人上前发言。当天这位女士穿了一条黑色网袜搭配鱼嘴高跟鞋，这种性感的穿搭就不太符合当天的场合和她律师的身份，使其专业形象和稳重感大打折扣。关于职场女性高跟鞋的选择，后面有专门章节分享，这里就先不赘述了。

3. 社交场合

社交场合有不同规格和性质的区分，着装规范也有相应的不同。如果是以商务交流为主的社交活动，女性可以得体和优雅兼而有之，带商务色彩的连衣裙是较合适的选择，比如有袖、长度及膝的小黑裙，既能体现商务场合的严谨又能体现社交活动的轻松，兼具女性的亲和效果。

　　如果要参加小型沙龙、酒会、下午茶等活动，通常并不需要打扮得多隆重。太过隆重反而会显得外行，与场合格格不入。淡化商务色彩，选择优雅的裙装如一件式连衣裙、搭配简单的首饰，再加上精致的妆容就可以了。

　　如果是出席正式的晚宴，好看的晚礼服就是展现魅力的最佳装备。

总之，无论哪种场合，想要着装更富有高级感，建议全身服装的颜色不超过三种，颜色越简洁越显质感和大气，更符合职场女性的特质。

（二）巧搭配饰画龙点睛

职场女士适当佩戴首饰，可以让整体造型达到画龙点睛的效果，同时也能体现自己的品位。

女士配饰的种类多种多样，要想搭得恰到好处，可以从以下六个方面考虑。

1. 场合

女士在不同场合塑造的形象是不一样的，首饰的选择自然也有差异。比如日常上班，可以佩戴一些小巧精致的胸针、项链、耳钉等，既简洁大方，同时又不会干扰工作。

而社交场合，就可以佩戴较为华丽的项链、耳环等佩饰，彰显高贵、奢华的气息，与场合氛围也更为契合。

2. 与服装是否协调

饰品佩戴建议与服饰相协调，比如佩戴的项链、耳饰颜色选择和衣服纽扣同色，腰带的颜色与鞋、包颜色呼应等。

3. 与自己体型相配

和自己的体型互补，扬长避短。比如，如果脖子不够长，不建议佩戴多圈式项链，戴长项链会更好看，起到拉长颈部的作用；如果脖子比较细长，则可以佩戴多圈式项链来更加突出自己的优点；宽脸、圆脸型的女士，谨慎选择大的圆形耳环，耳环形状建议与脸型形成互补。

4. 年龄

年轻女孩可以戴一些比较时尚的饰品，比较年长的女士佩戴的饰品则建议更多考虑精致感、质地等，显得庄重、高雅。

5. 饰品之间的颜色搭配

搭配饰品时，建议选择同质同色的饰品，即色彩、质地一致，会更加协调，比如珍珠的项链搭配珍珠耳饰。同质同色原则会让形象显得高雅，在细节中体现巧思和品位。

6. 简洁

职场女士的饰品佩戴建议少而精，突出一个重点就可以了，数量上建议不要超过三件。简约精美的饰品即可体现职业女性含蓄干练之

美，less is more（少即是多）永远是适用的。

关于搭配，无论男士还是女士，通常少意味着多，简约反而不简单。气质永远是最好的饰品！

（三）根据场合选对包

根据场合选择一款合适的包不仅会带来更多便利，同时它也是你品位、审美的体现。女士的包款式繁多，材质、图案更是数不胜数，出席不同场合可能需要不同的服装款式，也需要不同的包来搭配。

1. 商务场合和日常通勤

适合商务场合和日常上班的包我们通常统称为通勤包，它有以下几个特点。

首先容量大，它不仅能放手机、化妆品，还能放下你的文件、ipad 等物品，可以避免拜访客户时拎着好几个包，既

不方便出行也不方便握手。

其次款式简洁、大方，没有过多不必要的装饰。如果需要增加一些色彩，可以在包上系条小丝巾。

颜色上首选深色，显得稳重、职业化。如果是一般的办公场合，也可选择有色的包包，比如白色、酒红色等，但建议最好是哑光质地的，显得更高级一些。

材质上皮质为首选，展现出质感。布面的包对于职场女士来说过于休闲，虽然朴实环保，但商务感不足。目前很多人造革的包也很漂亮大方，出于环保的需要，得到更多人的喜爱和选择。

2. 社交场合

职场人士免不了需要应酬，无论是商务晚宴，还是行业酒会，除了服装，通常还要有一款有质感的包包契合场合。

款式可以选择手拿包，能够放下口红、手机和补妆粉饼这些必备随身物品就足够了。有时如果白天上班晚上有活动而又来不及回家换装备的话，就随身准备一个精致的内胆包吧，到会场门口将通勤包寄存，拿着小包入场就好。

颜色尽量与礼服色系和谐搭配，可以更好地提升形象美感。实在选择困难的话，黑色宴会包是永远的百搭款，会让人看起来沉稳端庄，不失优雅。

材质上可以选择绸缎、丝绒、皮质，可以显示出女士高雅贵气，还可以用些珠宝装饰，来提升华丽感。

（四）鞋子选对让形象更得体

曾经看到过这样一则新闻：某国际知名会计师事务所伦敦总部的一名前台实习生因为没有穿5~10厘米高的高跟鞋而被无薪辞退。由此可见，大公司对企业形象的重视，对员工着装已经关注到了非常小的细节方面。

高跟鞋对于女性来说，有着一种无法言说的感情。踢踏声中，尽显女性的成熟、温柔、气场和坚韧，但穿着时间长确实会带来脚部不适。但无论如何，它仍然是职场女性展现更好状态、更自信精致形象的重要装备。

职场高跟鞋建议选择前不露脚趾、后不露脚后跟的款式，没有夸张多余的装饰物，能更好地展现一位职场女性的专业性。

为了使自己的形象更美丽挺拔，又不至于让脚太受罪，可以考虑在办公室常备一双后跟在3~5厘米高的高跟鞋。当有客户来访或者有重要活动时，及时进入"战斗状态"。如果公司没有特殊规定，非正式场合也可以选择低跟、平跟等更舒服的皮鞋，便于行走。还可以选择粗跟款式，避免了因细跟受力面积较小引起脚痛。

对于不习惯尖头皮鞋的女士来说，方头和小圆头的皮鞋可以减轻脚趾不适，但也会使精致感打折扣。

可可·香奈儿女士曾说："鞋子是优雅最重要的一部分，一双好鞋可以衬托出女士优雅的气质。"一双舒适精致又得体的高跟鞋，可以让我们在任何场合都神采奕奕、怡然自如。

（五）职场衣橱必备的经典单品

到底有没有永不过时的衣服呢？其实是有的，一些经典的款式、经典设计的衣服，它们无论经过多少潮流的更新换代，再次看到它们时，我们依然会觉得好看、想穿。

正所谓经典就是永恒的时尚。职场女性衣橱中最需要的也是那些经典款，或者说是基本款。自信和品位就在那些极简的设计里，再通过佩饰画龙点睛，用仪态展示风度和自信，就可以塑造出得体又大方的职业形象。

下面这些经典又百搭的单品是职场女性衣橱中可以考虑纳入的，它们利用率高而且能提高穿搭效率。

1. 西服套装和套裙

西服套装和套裙是职场女性衣橱中必不可少的，深色稳重，浅色亲和。正式场合建议深色为首选，可以通过丝巾、胸针等饰品来加以点缀和提亮。

款式上建议选择简约、经典的款式，适合更多的场合穿着。

2. 小西装

小西装，更专业一些的称呼应该是"Jacket"。当然，这里的小西装指的并非正统的职场西服，而是款式、色彩、面料都更多样化的商务休闲小外套。不仅特别庄重的职场可以穿，休闲的场合也可以穿，如果面料够精致，甚至一些社交场合都可以穿。

3. 衬衫

款式简约的衬衫是职场女性的温柔铠甲。知名设计师 Carolina Herrera 曾说："白衬衣是我生命的一部分，因为它有着无数种穿法。"她在很多场合都是穿着一件干净简洁的白衬衫，实在是优雅。

个人偏爱真丝衬衫，比较有品质感。搭配不同单品也能打造不同风格：搭配半裙职业得体，配上珠宝会有低调的奢华感，搭配裤装干练利落。

4. 铅笔裙

建议职场女性都备一条深色铅笔裙，线条简洁流畅的铅笔裙非常修身显瘦，几乎对搭配的上衣廓形没有任何局限，和衬衫更是经典搭档。个人是铅笔裙的忠实粉丝，无论是日常办公还是拜访客户，铅笔裙都可以胜任。

5. 长裤

穿裙装优雅，穿裤装则显得潇洒，出行也比较方便。同时长裤不仅可以拉长腿型，还能修饰腿型。

6.连衣裙

日常参加商务伙伴为主的社交活动，期望得体和优雅都能兼而有之，简约、大方的连衣裙是不错的选择。

优雅的连衣裙在参加一些小型的社交活动非常适用，比如酒会、下午茶等。如果社交活动较多，可以多备几套。

7.九分裤

版型挺括的九分裤适合大多数人穿着。搭配衬衫、高跟鞋可以行走于职场；搭配 T 恤、平底鞋又可以休闲逛街。

8.小黑裙

自从 1926 年小黑裙被香奈儿女士制作出来后，优雅女士们对它的喜爱就没有停止过，它也是个人最爱的经典单品之一，利用率非常高。穿着它搭

上外套可以去谈判，脱掉外套戴上珠宝可以参加晚宴。建议每位女士的衣橱中都备有一条小黑裙！

9. 高跟鞋（船鞋）

黑色、没有任何装饰的素面高跟鞋或者简单装饰的款式是首选。其次，有质感的裸色高跟鞋也是气质女性的必备。

10. 黑色和驼色大衣

在秋冬，大衣是女士们最贴心温暖的户外伴侣，既实用又优雅。黑色稳重、驼色时尚，皆适合公务出行。此外，个人还偏爱酒红色、米白色，方便不同场合搭配，羊毛或羊绒面料为首选。

11. 珍珠饰品

与各种着装最相配的、每位女性衣橱中不可缺少的佩饰，就是珍珠饰品，无论是日常办公还是社交聚会都能为女性增添魅力。

12. 丝巾

丝巾也可以备几条，百变造型少不了它。

（六）正式场合五不穿

记得看过这样一则新闻，2018 年某国际知名咨询公司发布了内部邮件，更改员工的着装规范，放宽员工的着装要求。虽说是放宽，但通过邮件内容发现，还是有很多着装要求需要遵守。邮件中对员工着装进行了非常详细的规范，从服装颜色的选择到着装的禁忌都一一明确。

其实很多大公司都有专门的、非常详细的员工着装规范。卓雅礼仪也为很多企业专门开发过《员工形象和行为手册》，旨在对员工形象和行为进行规范。

为什么企业需要对员工的着装做出详细的规定呢？因为员工形象就是品牌形象，企业员工的形象反映了该企业的企业文化、用人标准、行业特点，甚至审美、品位、企业实力。

不同行业会有不同的规定，比如金融行业，员工需要呈现出稳重、专业的形象，让客户更容易产生信任感，其着装规范会比较多，比较细，而 IT 行业可能就没有那么多规矩了，但也建议不过分夸张和个性化，允许适当展现自我，体现行业特点。

无论是在哪个行业，下面这些着装禁忌都是需要规避的。

◆ 过露的服装。在商务场合，低胸装、迷你裙、吊带裙（衫）等服装建议不要考虑，它们会让专业性打折扣。

◆ 过紧的服装。性感没有必要表现在职场中，所以不要为了展示完美的身材而剑走偏锋。

◆ 过短的服装。切忌为了标新立异在工作场合穿短裤、小背心、超短裙等服饰。职场中，裤长至少 9 分，裙长至膝盖为宜。

◆ 过薄、过透的服装。在选购衣物时需要考虑服装材质，避免面料薄、透，另外穿着时搭配肤色内衣更加得体。

◆ 工作时不穿拖鞋和凉鞋。拖鞋、凉鞋可以在下班或者社交场合穿，但是在商务场合会给人留下拖沓、不够稳重的印象。

管理好形象，就已经迈出了成功的第一步。

当然，职业女性的魅力单靠外表无法成就，更需要专业能力、沟通能力、责任感等来进行支撑，才不至于成为"无用的魅惑"，而真正拥有"柔性权力"。建议大家选择服装利用率高的单品，款式越简单大方，穿的场合越多一些，也能更久一些，还能节省不少时间，可谓一举多得。好一点，少一点，让生命多一些自由和美好，也会有更多精力去做对生命更有意义的事情，比如专业技能的提高、构建更好的人际关系、自我成长和探索等。

简约而不简单，少就是多！

10个得体又好看的穿衣哲学

着装的精髓不在于你穿什么，而在于你怎么穿。用点心思，花点时间，相信你也会成为一道流动的风景线。学会下面10个穿衣哲学会令你的形象更加分。

1. 不要刻意隆重

刻意隆重换言之就是用力过猛。比如收到一个小型沙龙邀请函，如果身着参加晚宴的拖地晚礼服肯定过于隆重了，也会显得与场合格格不入。

得体、优雅的着装是品位、身份、审美，甚至是见识的体现，有"心机"的女士可能会花两小时精心打扮自己，在面对赞美的时候，却说只是随便穿了两件衣服就出门了。

2. 衣服和鞋也要轮岗

不同场合的包可以各准备一个，但是不同场合的鞋和衣服却不能只备一件。因为衣服、鞋的磨损远大于包，多备点轮流穿，让鞋和包也能得到休息，这也是保养方法之一。

3. 别轻易尝试混搭

"混搭"是一个时尚界的专用名词，指将不同风格，不同材质的单品按照个人口味拼凑在一起，从而混合搭配出完全个人化的风格，说简单点就是不要规规矩矩。

这种时髦不等同于胡穿乱配，那些看似混乱的搭配里却有着一定的章法，要想"混搭"出别致的美也不是一件容易的事。如果还没有掌握非常高超的搭配技巧，建议不要走混搭的风格。

4. 裙子别太短

想要得体、好看、优雅，请从选对裙长开始。合适的裙长表达了一位女士的品位和见识，以及对着装分寸的把握。

5. 多备些能穿一辈子的单品

真正优雅的女士不会因为穿得简单而失去优雅，无论是轻披风衣坐在一起谈笑风生，还是踩着便鞋在街头独行，抑或是穿着笔挺的套装在办公室穿梭自如，都是一道风景。

都说女性的衣橱里永远缺一件衣服。曾经的我也每天早上苦恼穿什么。不过这个苦恼现在基本解决了，秘诀是：现在衣橱中的衣服都以百搭的经典单品为主，通过别出心裁的搭配开始美好的每一天。

6. 全身上下的服装颜色别超过三种

如果你想要彰显气场和高级感，大色块的服装应该在你的衣橱中占主导地位。在搭配时，建议全身上下的服装颜色不超过三种，有相呼应的元素会让你的着装看起来更协调。

7. 可以不时髦，但你可以时尚

有品位、有风格并不是一味地赶时髦、追潮流，尤其是在职场中，你的形象就代表公司形象，你的审美就代表企业品位。最高级的时尚和潮流是"经典、永不过时的"。

不一味追逐潮流但是了解潮流，然后合理利用它。比如着装上搭配一点含流行色的饰物，可以是丝巾、墨镜、帽子等，也可以是项链、手镯等。有时候画龙点睛的穿法要比大面积运用更能成就经典。

8. 鞋和包同一个颜色永不会出错

如果你还没有掌握特别炉火纯青的搭配技巧，那么就从统一包和鞋的颜色开始，这样做在任何场合都不会出错。

9. 慎重选择鞋子

想要显得优雅、得体，松糕鞋、坡跟鞋这类鞋子请你慎重选择和考虑。这类休闲且笨重的鞋子，会让身体重心下移，穿上它们，优雅女士的轻盈感就没有了。

10. 简约而不简单最高级

"Less is more"，简约而不简单，少就是多。这一原则会显得你简约、干练、大气，适合绝大多数人，尤其是职场精英们，它会让你更高级。

三、职场男士如何打造商务范

如今，形象不仅对女士很重要，职场男士如何塑造自己的职业形象也变得越来越重要。

美国形象设计大师鲍尔曾说："成功男人的风格反映在外表，而优雅来自内在，它是你的自信及对自己的满意，它通过你的外表、举止、微笑去展示。"

着装得体，举止恰当，不仅仅是为了展现自己，更是尊重场合、尊重合作伙伴，背后是职场男士深谙国际规则，也是个人审美、视野、财力、品位、眼界和商业经验的体现，无形中彰显个人软实力。

（一）西装，展现男士的专业和权威

其实西装最早并不是正式场合的服装，在19世纪中期，当时的英国上流社会有许多的礼仪，尤其是晚宴场合，男士必须穿燕尾服出席。晚宴过后，男士们可以在餐厅旁的休息室休息。只有在休息室，男士们才可以抽烟、喝白兰地，也可以舒适地在沙发上卧躺，但是在这时着笔挺的燕尾服就太过束缚了，于是一种相对宽松舒适的西装就作为休息室的专用服装而被发明出来。但是很长时间它都是作为休闲外套，是不能出现在正式场合的，男士们只在散步、郊游的时候才会穿上它。直到20世纪初温莎公爵任英国王储期间，在多次出访时身着三件式西装，才让西装进入了正式场合。

如今，西装依然是商务男士的必选装备，是最能凸显男士魅力的服饰。精英人士更是有无数需要穿西装的场合，把西装穿"好看"也是一位男士形象与品位的象征。

想要把西装穿得好看又得体，首先得从选对西装开始。选到一套适合自己的西装通常需要考虑颜色、图案、面料、款式、大小几个方面。

1. 颜色

公务西装建议首选蓝色、灰色系列，比如最经典的藏蓝色、深灰色等，展现冷静、稳重、严谨、权威、值得信赖的形象，适合比较正式的商务场合。

而休闲西装颜色选择可以更多样化，展现更加亲和、活泼、轻松的形象。

2. 图案

公务场合的西装需要呈现成熟稳重感，建议选择单色素面或者简约条纹为佳。

图案比较复杂的西装则不太适合公务场合，比如经典的威尔士亲王格、千鸟格、维希格纹等多用于制作休闲西装，比较时尚吸睛。

3. 面料

在预算允许的情况下，纯毛面料或者含毛量比例高的混纺面料是比较好的选择。这种面料挺阔、悬垂、透气，穿起来柔软舒适，外观也显得比较高档、典雅，当然也需要花一些时间精心打理，穿着效果会更好。尤其是秋冬季节，毛料的保暖性也会更好。

还有更加柔软、光泽感更强的桑蚕丝和丝混纺面料，更加轻薄，非常适合春夏季节；此外还有亚麻面料，也是具有轻薄透气的优点，但是挺括感相对差一些，所以多用于制作休闲西装。

4. 款式

西装款式有单排扣、双排扣还有三件套式。单排扣西装适合大多数亚洲男士。单排扣西装又有一粒扣、两粒扣和三粒扣之分。一粒扣显得年轻时尚，三粒扣显得保守稳重，二粒扣比较适中。

如果考虑得更全面一些的话，西装版型的选择也是其中一个考虑因素。西装有四种经典版型。

第一种版型是英版西装。20世纪初期，"不爱江山爱美人"的温莎公爵常穿着英国三件式西装造访欧美各国，一身精心打扮的绅士行头风靡各地。整体而言，英国人穿西装追求的是完美的身材比例，宽肩、窄腰、长腿的身体曲线，呈现考究严谨的结构美学，基本轮廓像倒梯形。传统剪裁背部下摆两侧有开衩，骑马的时候比较方便，这种设计与英国人热爱马术运动有关，另外单手插裤袋仍可以保持背部线条的平顺。英国气候偏冷，西装剪裁上会使用更多的毛料衬垫，保暖之余更烘托胸膛的宽厚。

第二种版型是意版西装。意大利气候比较温暖，西装版型也追求轻巧柔和，意式版型肩部垫肩的使用会节制很多，那不勒斯式的西装几乎没有垫肩，腰线略微提高，另背部下摆一般不开衩，营造上半部的英挺线条。

第三种版型是美版西装。美版西装相对比较偏休闲，符合美国人的拓荒者性格，比起英式西装，充满随性洒脱的气质。美版西装的基本轮廓比较宽松，不刻意收腰，后背双侧开衩也简化为中央开衩，整体呈现类似 H 型的轮廓，任何体型的人穿起来都毫无负担。

第四种版型是日版西装。相对于美版西装的宽大，日版西装更贴近亚洲人的身材。没有宽肩的设计，也没有明显细腰的设计，胸部设计会更加饱满，不用靠人的肌肉撑起来，袖子也会比较窄，下摆更收，没有开衩，因为亚洲人普遍胯窄。此类西装多是单排扣的款式。

5. 大小

再名贵的西装，如果大小不合身都会显得不得体。

男士西装的大小，首先是肩部宽度合适，双臂自然下垂时肩线平滑，无褶皱，也不紧绷，双臂交叉可以轻松抱住上臂无不适感，这种肩宽就是合适的。

其次是腰围大小，试穿西装时，腰围部放下半拳到一个拳头左右，是相对比较合适的。

再次是袖长，合适的西装袖长应该比衬衫袖长短 1~2 厘米，双臂自然下垂，袖长到手腕关节处。

最后是西装和西裤的长度，太长显得邋遢，太短又会显得有些小家子气。建议公务西装长度选择盖住臀部，西裤长度到皮鞋鞋跟部位置为佳。

每位绅士的衣橱里都需要准备一套西装，它是展示男士挺拔身材和魅力形象的武器。身着剪裁精良、搭配简约的西装，优雅的绅士气质立现！

（二）西装搭配的"三个三"法则

选对西装对于打造商务范来说，只是第一步。穿对了才会让魅力发挥出来。男士在搭配西装时遵循三个基本法则。

1. 三色原则

商务男士服装搭配全身上下的主要颜色建议不要超过三种，既有造型的层次感同时又不会显得花哨，适合商务男士塑造稳重、干练的形象。

2. 三一定律

男士在重要场合的整体搭配上，有三个部分建议是同一种颜色：鞋子、皮带、公文包。

在正式、严肃的公务场合，传统行业的男士建议首选黑色，显得成熟稳重；如果是在社交、日常办公等相对轻松的场合，可以选择棕色的皮鞋和公文包，会增添一些优雅和时尚感。

3. 三大禁忌

穿西装时，有三处不能出洋相的地方。第一处是袖子上的商标不可不拆，新西装买回来第一件事就是剪掉商标；第二处是穿夹克不建议打领带，领带是正式场合的佩饰，和休闲装组合在一起难免不伦不类；第三处是正式场合深色皮鞋不要搭配白袜子，建议深色皮鞋搭配深色袜子，袜子和皮鞋一个颜色或者和裤子一个颜色会更协调，浑然一体。

除了上面这几个西装穿搭时的原则和禁忌，更讲究的男士可以在很多地方发挥自己的搭配巧思，比如皮带扣和自己的腕表框、眼镜镜框同色，腕表表带和皮带颜色一致等，会显得更加高级有品位。

（三）西装扣子系法有讲究

单排扣西装、双排扣西装、三件套西装扣子系法各有不同。

1. 单排扣西装

通常来说，亚洲男士的体格穿单排扣西装更好看些。单排扣西装有三粒扣、二粒扣以及一粒扣之分。一粒扣西装，系上比较庄重，不系则显潇洒；单排且双粒扣的西装，全部都不扣显得随意，扣上面一粒显得郑重；单排三粒扣的西装，可以扣中间的一粒或最上面的两粒，只扣中间一粒扣显得潇洒，扣上面两粒扣显得郑重，无论如何扣，最下面一粒扣是不需要扣的〔上面一粒扣称为 sometimes（有时）、中间扣子为 always（总是）、下面扣子为 never（从不）〕。三粒扣西装千万别把扣子全部扣起来，否则可能会让交往对象觉得你缺乏出席大场面的经验。

2. 双排扣西装

双排扣西装的设计风格略偏于稳重，所以纽扣的系法也要相对保守，正式场合为表示庄重建议全部扣；偶尔也可以只扣上面一粒扣子，表达轻松、时髦，但不可一粒不扣。

3. 三件套西装

一般情况下，西装背心只能与单排扣西装上衣配套穿。穿西装背心，无论是将其单独穿，还是同西装上衣配套穿，都要认真地扣上纽扣。

西装背心，大体上可被分作单排扣式与双排扣式两种：单排扣西装背心，有五粒扣与六粒扣之分。五粒扣西装背心，扣子要全部扣上；六粒扣西装背心，最底下那粒扣子不扣；双排扣西装背心，纽扣通常要全部扣上，无一例外。

（四）商务男士如何挑选合适的衬衫

衬衫是男士商务西装的固定拍档，是商务男士最不可或缺的单品之一。

正式的商务衬衫不会有太多繁复的款式和花样，想要穿得好看，还是得靠细节取胜。选择时可以从款式、面料、颜色、大小几个方面综合考虑。

1. 款式

衬衫领型的设计决定了衬衫的风格，正式场合衬衫建议选择经典的肯特衣领，在国内很多人称它为标准领，这一衣领适合大多数脸型的男士。在肯特衣领基础上演变的温莎领也是可以选择的，相对标准领，它的领角间距较大，面部线条感更强的男士穿着效果会更好。

还有很多衬衫领型，比如翼领，适合晚宴场合搭配礼服和燕尾服穿着；纽扣式衣领和领针衣领都比较偏时尚，可以在不严肃的日常上班场合穿，但是不适合正式场合；立领衬衫属于商务休闲或休闲衬衫，通常不适合严肃场合穿着。

2. 面料

棉类面料是男士商务衬衫采用最多的面料之一，舒适、亲肤、耐穿，具有一定的挺括感。通常面料支数越高，面料会更加柔软舒适。但是纯棉面料比较容易褶皱，在上身之前需要熨烫。现在有些商务衬衫为了提升挺括感和抗皱性，会加入一些化纤材料。选择此类面料的衬衫时建议留意混纺比例，含棉量如果低于 50%，它的舒适性就不太好了。

其他面料，比如亚麻、牛仔布、丝绒等面料的衬衫比较休闲，都不适合在职场穿着。

3. 颜色

商务衬衫的颜色建议选择浅色为佳，比如白色、浅蓝色、浅灰色等，其中白色是正式商务场合的首选，可以搭配各色西装。

带有图案的衬衫比如格纹、条纹等，都比较休闲，正式场合不建议选择。

4. 大小

衬衫太小穿着时会很拘束、憋闷，太大也会显得邋遢不干练，在选购时以下几个细节是尤其要留意的。

领围大小。衬衫衣领刚好接触颈脖周围的皮肤但不造成压痕是最恰到好处的。

衬衫领需要比西装领高出 2 指，衬衫领面的长度与驳头宽度、领带宽度相当更佳。

肩线位置。合适的肩线状态是垂直、顺着肩膀而下，挥动手臂不会扯拽肩线或者使之扭曲。如果一款衬衫穿上身，肩线位置比较靠近颈部，手臂挥动会有紧绷感，这就说明衬衫肩部太窄了；如果衬衫肩线已经到了肩膀之外的二头肌处，手臂挥动时会使袖子甩动，那说明衬衫太大了。

衣襟状态。衣襟过紧会压迫胸骨，活动受限；衣襟过宽，多余的衣服面料则会堆积在腹部或者胸骨处，显得不够干练。合适的大小是衬衫扣子系好后，衣襟会轻轻地贴在胸骨处，且没有不适感。

衣袖长短。手臂呈自然下垂状态时，衣袖的长度大约盖住手腕，搭配西装长于西装袖口 1~2 厘米为佳。

下摆长度。合适的衬衫下摆长度以束到裤腰中后，可以放心抬

手、弯腰、蹲下不露肉为佳。

你的品位和审美就藏在细节中，亮出更好的自己。

延伸阅读

衬衫小知识

和西装一样，男士衬衫最早也不是正式场合的衣物。它最早的雏形可追溯到公元前16世纪的古埃及，那时它还是一种无领、无袖的束腰衣。中世纪时，衬衫是上流社会男性拥有的精致睡衣，是地位和尊贵的彰显。

衬衫成为向外展示的衣物是在文艺复兴时期，那时的人们思想解放，服装多样，衬衫也出现了衣领、花边等设计，那时的上流社会以露出精致的衬衫领口、袖口为时髦的表现。在19世纪，衬衫的造型才趋于现代化，也走进了正式场合，体面的衬衫也是生活品质的象征。

（五）佩饰尽显男士品位

相对于女士而言，男士佩饰更是贵精不贵多，建议在质感上多下功夫。在搭配上同样建议遵循同质同色、数量不超过3件的原则。

商务男士佩饰种类不必多，可以考虑下面几类。

1. 腕表

一款品质精良又搭配得体的腕表是一位男士品位的体现。

在一些社交场合，腕表可以体现出人的地位、身份甚至财富状况。腕间佩戴一款兼具正统和简约风格的腕表，会使你显得与众不同，风采尽显，同时会显得你守时。用腕表看时间比拿手机看时间也更有商务范。

商务手表，其款式建议与服装相协调。商务场合，在着正装的时候，想突出商务和贵气，颜色上建议铂金、冷金属色为首选，慎重选择过于抢眼的款式，简洁大方的款式会显得更加商务，给专业形象加分。如果佩戴皮质手表，建议首选黑色，商务场合会尽显稳重。社交场合中，可以选择棕色，优雅时尚。当然，前提还是与场合、服饰、身份整体协调。

和服装一样，佩戴腕表同样要契合场合。一般而言，圆形、椭圆形、正方形、长方形以及菱形手表，其造型庄重保守，较为适合正式场合佩戴；表盘建议选择指针式的，数字显示的表盘，运动感过强。

在搭配上也需要与衣服以及其他佩饰的搭配相协调、呼应。如你的表盘是金属银色，选择同样颜色的戒指和袖扣会显得更协调；更讲究的人士还会与眼镜、皮带等其他佩饰颜色搭配起来，会显得更有品位。

同时也需要注意当天自己所扮演的角色，风头永远不要盖过你的上司或当天活动的主角。

2. 袖扣

在需要穿着正装出席的场合，商务精英不经意间露出袖口处的精致细节，质感立刻升级，形象也会变得更有辨识度。

袖扣是用在专门的法式衬衫上。使用袖扣的衬衫袖口款式叫 musketeer cuffs 或者 French cuffs（法式反褶袖）。如果把法式衬衫袖口接触皮肤的称为阴面，另一面称为阳面，佩戴袖扣时，是两边的阴面相触。使用袖扣时需把袖扣针从手背的袖口穿入，从手心的袖口穿出并且固定，这样才能保证当你的手处于自然的手心朝下的状态的时候，袖扣的扣子部分能够展现出来。

从实用和美观的角度来说，如果希望在着装细节上体现品位和精致感，那么选用袖扣是不二法则。袖扣隐藏在袖口边上，不像领带夹存在于领带中央视觉的焦点上，比较含蓄和内敛，即使设计得比较花哨，也不会喧宾夺主。

袖扣的由来

在袖扣被发明出来之前，欧洲贵族们用丝带、绸缎来束住服饰颈部、胸部和手腕区域，防止尘土和冷风进入袖子，同时也起到装饰作用，被称为"袖绳"。17世纪末，为了更加时尚，绅士们发明了两端是金属片，中间是链条的"袖链"代替袖绳，为了体现贵族身份，袖链两端多采用宝石和贵重金属来装饰。

到了18世纪末，用杆和夹连接方式的袖扣才出现，更加便于单手佩戴，同时专门佩戴袖扣的法式衬衫也被发明出来。19世纪是袖扣最风靡的时代，法国作家大仲马在他的小说《基督山伯爵》中还描写到：He paused. "I see you're looking at my cuff buttons." （他停了下来，说道："我知道你在看我的袖扣。"）

3. 口袋巾

西服前袋是男士个性表达的舞台。最早，口袋巾叫袋巾，是一块沾有香水的手帕，用来优雅地掩面阻隔灰尘或异味，从19世纪中叶开始，就以棉、麻、丝绸等各种高级面料的形式出现在贵族和上流社会的日常中。到了20世纪初，它就成了绅士的代名词，穿西服胸前没有口袋巾是绝对算不上是位讲究人的，那时口袋巾已经有了明确规则，法国的玛丽皇后曾经要求丈夫路易十六世将其尺寸规定为16寸×16寸，还发明了"Pocket Square"

一词。

男士的口袋巾是体现男士品位和情趣的装饰物，上面的图案和颜色建议与衬衫、领带或者西装的颜色形成互补或者呼应，这样在搭配上会比较协调。

通常，条形、三角形这类比较板正的折法适合正式场合，蓬松的折法则适合社交或休闲场合。在一些不那么正式的场合，比如日常上班，不系领带，在西装外套里面只穿上一件衬衫，再搭配一块小小的口袋巾，看上去精致又时尚。

（六）选对领带，让西装更有灵魂

领带作为男士着装的视觉焦点之一，有多种颜色、图案以及不同款式，选择不同，呈现的风格和给人的第一印象也会不同。所以在选择领带之前要考虑一个问题：你想表达怎样的自己呢？带着这个问题可以综合考虑以下因素。

1. 款式

领带总长度（大剑尖端到小剑尖端的总距离）通常在130~150厘米，可以按照自己的身型来选择，偏高或者体型比较壮硕的男士选择长一点的。系好后长度到皮带扣中间位置为宜。

领带的宽度也经历了时代的演变，最初比较流行的宽度是3.75英寸到4英寸（9.5~10厘米）。但如今如果选择这个宽度难免会有些老气、保守。如今的商务领带宽度多在8~9厘米，显得比较稳重。再窄一些的领带比较显年轻，但是稳重感会相对减分。

2. 颜色

不同颜色展示给人的印象是不一样的。

蓝色是很多职场人士首选的颜色，代表值得信赖、踏实可靠。虽然有时候会给人冷静、保守的感觉，但是表达可信、镇定、平和的一面，总是没错的。

红色会展现强大、有魄力、自信的一面，系上红色领带，更容易引人注目。如果领导想彰显气场，或者在比较喜庆的场合，通常选择红色领带。如果领导系了红色领带，建议下属最好就别再系红色领带了。

黄色会让人看起来更友善，更平易近人，展现开朗、乐观、有创造力的一面。但是如果颜色太过鲜艳，可能会给人"冲动"的感觉。

橙色展现出活跃、有创造力的一面。

紫色代表平和、优雅，也是最安全的一个颜色之一，系上紫色领带，一切尽在掌控之中。

棕色会展现出稳重、安全、舒服的一面，但是有时也会显得乏味，所以与西装颜色的搭配很重要。

灰色彰显亲和力，同时也能展现出人的睿智。

3. 面料

通常比较高档的领带面料多为桑蚕丝、羊毛，桑蚕丝更富有光泽感，色彩更加丰富，被用得最多。

也有一些聚酯纤维的面料，经久耐用，但是质感会相对差一些。

4. 图案

不同图案的领带也能展现不同的风格。纯色最能适应各种场合，条纹经典显稳重，花纹展现个性，格纹散发着苏格兰风情，波点图案显活力。想要给人呈现怎样的印象，就选择什么样的图案。

领带虽然只是一个小小的佩件，但是其中的细节也在传递着你是谁，你有怎样的职业和生活方式等信息。

延伸阅读

领带的由来

关于领带的由来有很多种说法，认可度比较高的说法之一是源自法国国王路易十三。在 17 世纪，路易十三在巴黎检阅克罗地亚雇佣兵时发现士兵脖子上系着颜色鲜艳的布带，认为非常好看，就把它作为了皇室成员的重要佩件。为了纪念克罗地亚士兵，路易十三将这种布带命名为"Cravate"，一直到现在，领带的法文仍然是这个词。

后来随着工业革命的推进，耐用、简洁的领带成为需求，复杂的花边等设计逐渐被摒弃。人们渴望一条舒适且易打理的领带，于是 1924 年，美国裁缝 Jesse Langsdorf 发明了 45 度角裁剪面料的方式，用这种方式制作的领带不仅富有弹性，还解决了领带容易卷曲的问题，增加了垂坠感。领带成了更严肃、庄重场合的服饰佩件。

（七）型男品位养成：四大绅士皮鞋

在一项有 1000 位女性参加的调查中，64% 的女性通过男人的鞋来判断他们的品位，52% 的女性通过鞋来猜测男人的性格；36% 的女性会从鞋来判断男人的经济状况。

所以有句话说："皮鞋是男人的第二张脸"，它就如同是女人的包，某些时候皮鞋也代表着一位男士的品位、审美，甚至经济实力。一本名为 *The Official Preppy Handbook* 的书曾指出这一点：当人们想确认你的阶层时，首先就会看你穿的鞋，其次再看其他着装。所以说，如何选择一双得体的皮鞋是每位精英男士值得花心思的事。

记得很多年前，我给某豪华汽车品牌培训国际商务礼仪，当天早上一位产品课的老师来到现场听课。这位男老师穿了一套蓝色西装，搭配了一双棕色布洛克雕花牛津皮鞋。当他走进培训教室的那一刻，说实话真的是让人眼前一亮，坐在教室里的学员也忍不住赞美，说真帅，好讲究。

下面四种鞋型，是精致男士在不同场合的首选：牛津鞋、德比鞋、孟克鞋、乐福鞋。

1. 牛津鞋

说到绅士的必备鞋履，牛津鞋是当之无愧的 top one，它的"刚需度"丝毫不亚于西装。牛津鞋的名字并不是因为起源于牛津大学，只是因为它经过牛津大学学生的改良，并在大学中风行，进而取名为牛津鞋。

牛津鞋为封闭式鞋襻，鞋舌是分开的，被两旁鞋襻完全包覆，而其他皮鞋大多鞋舌是一体式的，这也是它区分于其他鞋型的特别之处。穿上牛津鞋就像是穿了一件正装，较为正式、严谨，它几乎适合所有正式的场合，比如商务、会议、宴会等场合。

值得注意的是，牛津鞋的鞋襻样式有其固有的特点，但通过鞋型、结构线和鞋面设计的变化使得鞋子也呈现不同的款式，比如一片式牛津鞋，它是牛津鞋中正装鞋的巅峰，全鞋无任何接缝，这对设计、裁剪和皮质的要求都非常高，是正式度 + 段位的最高级别，虽造型简单，但显得稳重、威严，绝对是成功人士必备的鞋。

一片式牛津鞋最初是作为"日间搭晨礼服"时穿着，后来慢慢演变为商务人士的"日常万能通勤鞋"。

2. 德比鞋

德比鞋和牛津鞋的区分主要看鞋襟部分是否闭合。德比鞋的鞋襟是"外耳"式，包容性更强，就算脚比较胖，脚背比较高的人也能轻松穿上。

德比鞋鞋舌与整个鞋面采用一张皮革，两片鞋耳之间用鞋带的形式留出一定距离，这样便于调节松紧度，舒适感相对是高于牛津鞋的。

德比鞋同样是属于正装皮鞋，商务场合、商务休闲场合都可以穿着。

3. 孟克鞋

孟克鞋，别名僧侣鞋，其最大特色在于鞋面上有一个宽大的横向带装饰及金属环扣 Monk-strap（孟克带），这也是孟克鞋名字的由来。2019 年全球最顶尖绅装杂志 *The Rake* 在最受男士欢迎鞋履评选中，孟克鞋荣登榜首。

最初的孟克鞋是为修道士们设计的，只有一个扣带。现在非常受欢迎的双扣款孟克鞋，据说是由温莎公爵改良设计的。相较牛津鞋与德比鞋，孟克鞋则多了几分时尚感，如果你想表达别具一格、时尚的自己，在正式场合、社交场合都可以选择它。

4. 乐福鞋

乐福鞋也就是我们常说的一脚蹬，容易穿脱，是不少人鞋柜里的常见品，没有鞋襟、鞋带包裹，给予了上脚更多的空间感。

据说乐福鞋早期只是挪威艾于兰（Aurland）地区的渔夫们为适应船上打捞而制作的工作鞋。无帮设计和柔软的橡胶底，成了挪威渔夫的首选。随着时间的推移，在 20 世纪的欧洲，这种挪威工作鞋逐渐受到关注，在运动鞋还没出现的年代，乐福鞋是很多美国高等学府学生的标配。因为在校园里无须时刻保持正装，所以休闲简单的乐福鞋成为大家的心头好。

和前面三款皮鞋不同的是，乐福鞋多了几分休闲感和时尚感，更适合休闲场合穿着。

除了选对鞋，讲究的男士更是不放过任何一个穿着细节。据说英国国王查尔斯就连鞋带都会用熨斗熨平。对于男士们来说，一双适合场合又有质感的皮鞋不仅能让造型完整度更高，也是自己生活品质、生活方式与实力的体现。

华尔街有句俗语说:"永远不要相信一个穿着破皮鞋和不擦皮鞋的人。"一个人的生活态度和生活品质在鞋上都会体现出来,选择一双得体的皮鞋会为整体商务形象加分!

(八)职场男士衣橱必备的经典单品

无论季节怎么变化,有些经典却永远都在,就像女士衣橱中总有一条小黑裙,男士的衣橱也需要一些经典单品,有了它们,你可以应对所有的商务场合。

1. 商务西装

建议深色和浅色的各备几套,深色西装适合正式、庄重场合。如果不是特别正式的场合,可以加入一些个性化元素,彰显时尚、趣味、生活方式。另外选择穿什么色系,取决于你想表达怎样的自己。

2. 商务休闲西装

如果不是特别正式的场合,一件商务休闲西装足以让你应对日常的上班场合。

3. 衬衫

衬衫作为男士一年四季都不可或缺的单品,每位男士需要的不止一件,职场上衬衫的颜色建议浅色为佳。讲究的男士建议再备一两件法式衬衫,它会从细节上为你的品位加分。

4. 开司米套头衫

开司米套头衫是衬衫的好伙伴,秋冬季天气比较冷的时候,穿在衬衫外面,既舒服又不失稳重感,是男士的一大保暖神器。

5. **西裤**

对于男士来说，下装的选择本来就比较少，在职场中，穿休闲裤、牛仔裤又显得不职业，这时西裤就是最佳的选择。西裤熨烫平整，裤线分明，会更有型。你骨子里对细节的关注、对完美的追求，都体现在这些细节中。

6. **商务领带和口袋巾**

商务男士需要几条与西装、衬衫相搭配的领带，几块与领带、西装相配的口袋巾。可以选择不同的图案和花色，但是在商务场合，建议不要选择过于夸张的图案，纯色、条纹、圆点等都是不错的选择。

7. **袖扣**

如果准备了法式衬衫，几对有品质的精美袖扣就是其标配。

8. 商务皮带

建议职场男士至少各备一条黑色和棕色皮带，黑色商务、棕色时尚。

9. 风衣

春秋季节，天气有些凉的时候，外出时穿上一件熨烫平整、做工考究的风衣，魅力指数会直线上升。

10. 大衣

商务男士的大衣建议首选黑、灰、棕色，这些颜色既是永恒的经典色不会过时，也会让人显得更加稳重。

11. 商务皮鞋

男士商务皮鞋一般来说适合一年四季，建议你至少备两双黑色皮鞋，一双棕色皮鞋。黑色在商务场合中是百搭色，如果想要呈现比较时尚的自己，不妨偶尔尝试一下棕色皮鞋，会给庄重的商务场合添加一些色彩。

12. 商务男袜

建议备上一打深色、纯棉、长度到小腿肚的商务男袜！

有了这样一个衣橱，无论是表达稳重、干练、明朗、积极的你，还是时尚的你，都游刃有余。

（九）商务男士正装十一忌

西装作为正式场合服装，有一些国际通行的着装礼仪和在穿着时需要规避的着装禁忌，避免因为着装而给人留下不懂行的印象。

一忌，西裤短。标准的西裤长度为裤管盖住皮鞋。

二忌，衬衫放在西裤外。衬衫下摆需要束到裤腰中。

三忌，衬衫领子太大。前面衬衫的部分已经有过分享，选购衬衫时领围需要恰到好处。

四忌，领带颜色不搭配。比如白色衬衫如果搭配一条白色领带就不太合适。

五忌，领带太短或者太长。领带长度到皮带扣中间位置最佳。

六忌，打领带不系衬衫领口纽扣。系领带前先系上所有衬衫纽扣再打领带。

七忌，西服上衣袖子过长。袖长盖住手腕位置最佳。

八忌，西服的上衣、裤袋内鼓鼓囊囊。西装、西裤的口袋都只起装饰作用。

九忌，正式场合西服配运动鞋。运动鞋属于休闲场合鞋履，不适合出现在正式场合。

十忌，皮鞋与鞋带颜色不协调。皮鞋、皮带颜色建议统一。

十一忌，两粒扣西服最后一粒扣也扣上。男士西装有一颗扣子叫"Never"，永远不扣。

穿着得体不仅仅是展现自己，更是为了尊重场合、尊重合作伙伴，是商务男士视野、经验、品位、眼界，甚至财力的无声展示，无形中彰显了其个人软实力。正如美国形象设计大师鲍尔所说："成功男人的风格反映在外表，而优雅来自内在，它是你的自信及对自己的满意，它通过你的外表、举止、微笑去展示。"

第四节　举手投足，尽显魅力

经得起细品的形象，都离不开优雅仪态和文明举止。对于商务人士也是一样，行为举止彬彬有礼更容易赢得好感和信赖，挺拔的仪态也能为商务人士在公众场合增添信心和精英范儿，显得更加自信、从容。

本节内容将与大家从眼神、站姿、走姿、坐姿、蹲姿、上下车、手势礼仪等方面分享仪态的关键要点，助力商务人士在公众场合展现更加得体、有范的自己！

一、仪态决定气质和气场

如果要对影响气质的因素做个先后排名，我会毫不犹豫地将"仪态"列为第一名。那些有气质的人，仪态通常都比较好。关于气质个人认为有两个前提条件：一是如苏东坡所说"腹有诗书气自华"；二是姿态，比如目光永远自信地正视对方，胸腔挺起，仪态大方。

也正因如此，很多名流人士都会刻意在仪态上下功夫，据说欧洲的王室成员们比如英国凯特王妃、西班牙王后莱蒂齐亚在进入王室前，都曾经过严格的仪态训练。

有一次我受邀参加一个论坛，在嘉宾讨论分享环节，一位女企业家被邀请上台分享观点，在没有桌子隔挡的情况下，她的坐姿被台下的观众"一览无余"：双脚随意打开，上身靠在椅背上，整个人显得懒散没有精神，当天还有很多媒体用了这张照片去宣传，我相信她自己是不愿意的，但是当时在台上的她对于自己的体态估计是无意识的习惯流露。

其实很多人都有类似的仪态问题，比如含胸驼背、脖子前伸、腰背不直、走姿不挺拔等，很影响个人形象。其实只要稍微做调整，整体形象就能有很大的改观。

外貌是天生的，但是一个人的仪态、气质是可以通过后天修炼的。通过刻意的训练和纠正，仪态就会越来越好。在商务交往中也能展现更加自信、得体的自己。

我们经常说相由心生，的确内心可以影响外在，比如心态、情绪的改变，面相也会随之改变；同时，外在的行为也可以反过来影响内心。对自己的行为、语言多些控制和管理，定力和智慧也会提升。

二、眼神交流显诚意

俗话说："眼睛是心灵的窗户。"在面部表情中，最生动、最多变、最富于表现力的就是眼神。在与人交往过程中，真诚、友善的目光，会让交往对象产生亲近、信任、被尊重的感觉，让沟通更加顺畅。

在与人交谈过程中，不看对方，会显得不专心，对方会觉得没有得到尊重和重视；一直看着对方会让人觉得尴尬，对方也会觉得不舒服。在不同的场合，面对不同的交往对象，目光注视的区域是不同的。

1. 与人沟通看哪里比较适宜

在眼神的交流中，我们的眼神需要注意不宜在对方的全身游走，建议看眼睛至前额的三角区。在工作场合与人沟通，这个位置既不会令对方紧张，也能较恰当地传达出你的专注、认真。

如果交谈时间较长，我们的眼神则可以转移到对方的整个面部，否则直勾勾地看着对方，会让对方局促不安，特别是异性之间的交流。

如果面对的是多位人员，比如演讲、与多人洽谈等，目光建议照顾到在场的所有人，这样做会显得更加游刃有余，也能体现出对大家的尊重。

2. 眼神对视多长时间比较得体

有时候沟通时间较长，目光建议偶尔进行一些转移，避免引起对方不适，短时间的目光"转移"是不会影响谈话效果的。

建议看对方的时间为总谈话时长的 1/3~2/3，沟通过程中，偶尔看一下自己的电脑、笔记都可以，但是不建议东张西望，显得心不在焉。

3. 该用怎样的态度沟通

简而言之：目中有人。建议带着尊重、友善的态度，只有内心是尊重对方的，目光才会更亲切友好，不生硬。

另外很重要的一点：稳住目光。避免上下打量或是眼珠转来转去。上下打量意味着挑剔和审视，眼珠打转会显得不够真诚。

眼神是有温度和表情的，他人可以从我们的眼神中看出态度和心情，所以它也是沟通中很重要的一部分。

三、好仪态，好气质

爱默生说："优美的身姿胜过美丽的容貌，而优雅的举止又胜过优美的身姿。优雅的举止是最好的艺术，它比任何绘画和雕塑作品更让人心旷神怡。"前 Chanel 首席设计师 Karl Lagerfeld 也曾说过："如果没有优雅的仪态，任何华丽的服装也拯救不了他。"可见仪态对于个人形象和气质的重要性。

我认为仪态训练的意义有三：第一，可以让举止更得体，表达对交往对象的尊重；第二，可以让身姿挺拔，更有气质；

第三，长期仪态训练可以让一个人更冷静更自制，提升自控能力。

礼仪中的行为规范，表面看起来是对仪态和举止的管理，实则会让人找回定力和内心的宁静，以及随时随地提醒自己在人际关系中把握不偏不倚的最佳尺度。最关键的是提醒自己，活在当下。

对于商务人士也是一样，良好的仪态能展现出一个人的精神风貌，给交往对象留下更自信、从容、专业的印象。

（一）站出自信和气质

良好的站姿会呈现出端庄、自然、大方、稳重之感，用得体的站姿与人交流，更能提升个人形象，也更能彰显个人修养。

建议大家站立时留意几个要点，无论男女，都要头正、肩平、身直，挺胸、抬头、收腹，双肩打开，这几个细节做到了，精气神也会同步提升。女士和男士的站姿在细节上有一些不同。

1. 女士站姿

女士站立时建议双腿并拢，双脚平行并拢或者把一只脚后跟放在另一只脚足弓处，也就是大家常说的"丁"字步，尤其在拍照时这样站会更好看。我穿裙子时就比较喜欢这个脚位，能很好地修饰腿型。双手可以自然下垂，或者右手握住左手自然放在小腹上下的位置。

2. 男士站姿

　　男士站立时建议身姿挺拔，双目平视，双脚可略微打开一拳距离，最宽不要超过肩的宽度，双手置于身体两侧，自然下垂，呈现男士的阳刚之气。

　　另外一种站姿是身姿挺拔，双目平视，两脚打开一拳距离；右手握空拳，左手握右手手腕，轻放于腹前，显得更加谦逊一些。

良好的站姿，彰显的是气度与风范。

（二）坐出优雅和风度

得体、规范的坐姿给人一种端庄稳重、自然大方的美感。在商务交往中，客户会通过简单的坐姿来判断你的职业化程度。得体的坐姿不仅能塑造一个稳重可靠的形象，还会体现一个企业的用人标准和风范；反之，如果一个人姿态懒散，坐下就开始跷起二郎腿，甚至抖腿，这样的形象大家可以想象肯定很难赢得客户的心。

关于坐姿，建议关注以下细节。

1. 女士坐姿

入座：建议轻而缓，一般从左侧进左侧出，尤其是在人数比较多的正式场合，遵循这一规则可以避免与人碰撞。入座时，双手轻拢裙子，更显端庄文雅。

落座：在正式场合，建议坐椅面的 2/3，如果是比较宽的沙发，坐 1/3 足矣，坐下后腰背挺直。如果面前有桌子，手腕可以搭在桌面上；如果没有桌子，双手可以右手握左手放在大腿上；身体可以呈端坐状态，大腿与小腿、小腿与地面都呈垂直状态。或者双脚并拢，两脚同时向左侧或右侧斜放，这样的坐姿尤其是在穿裙子时可以起到很好的保护作用。双脚还可以呈前后状态，大腿并拢，一脚前一脚后，后脚脚尖靠近前脚脚跟。如果坐的时间比较长，几种姿势可以交替变换。

离座：起身时，右脚向后收半步，轻轻地起身，离开座位。

2. 男士坐姿

入座：建议轻而稳，同样也建议遵循左进左出的原则。入座的同时可以解开西装纽扣。

落座：双脚可略打开，约一拳的距离，并拢显得太过拘谨，

分开太多会显得过于随意,双手可握空拳放在大腿上。如果想要表达对交往对象的尊重,同样建议坐座位的1/3~2/3即可,保持比较挺拔的姿态。

离座:离座时轻而缓,避免挪动座椅发出较大声响。如在正式场合,起身的同时建议第一时间扣上西装纽扣。

良好仪态养成的初期都是不断有意识地自我提醒和不断地践行,久而久之形成属于自己的良好习惯。习惯的改变需要时间和毅力,但是一旦成功改变,相信你会获得前所未有的满足感,收获一个全新的自己。

(三)走出从容和气场

讲到走姿,我想起求学时光。一次在新加坡乌节路某商场逛街,正值夏天,迎面走来一位女士,大概40岁,身材姣好,穿着淡粉色真丝衬衫和九分裤,脚蹬高跟鞋。她目不斜视、自信、从容地从我身边走过,是位气质非常优雅的女士。当时我呆呆地看着她,心里想,以后我要做这样的女人,像她那样淡定、自信又优雅。

生活中,只要我们留心观察一个人的走路姿态,就能大致判断出她的个性、职业。一位有品位的人,走路如和风,行如流云。女士的步伐通常是沉着、自信、优美的,男士的步伐通常是稳健、从容的。

相反,走起路来一跳一跃,好似"雀行"的人,会给人不稳重之感；头抬得过高，会给人冷傲之感；如果走起路来，腰像水蛇一样摆动，会给人感觉不够稳重端庄；如果走起路来总是急匆匆的样子，走路脚跟不着地的，会给人风风火火的印象；如果走路有拖拉之相，会让人感觉懒散；走起路来喜欢东张西望，会给人感觉不够稳重。

走姿以站姿为基础：抬头、挺胸、收腹、头正、肩平、背直，双目平视前方。

行走过程中双臂下垂，自然摆动。摆幅适中，过大会显得太过张扬，过小又会显得拘谨，不自信。

女士双脚内侧建议走成一条直线，初期练习时两腿膝盖内侧可以刻意轻微摩擦，说明双脚是走在一条直线上的。

男士双脚可走成两条直线，身体不要左右晃动，步幅适当，步履稳健大方，展示出商务绅士自信、稳健的阳刚之气。

（四）蹲姿得体不失礼

说到蹲姿，我想起一个关于英国王妃凯特的报道，她是很多人公认的优雅代表，在极其讲究规矩和礼仪的英国王室，她无论是穿衣搭配，还是行为举止都被很多人视为教科书式的典范。曾经在某次探望士兵的活动中，她的高跟鞋被卡进了下水道口，在公众面前，这也算是一次意外的尴尬事件了，但是她的处理方式被很多人大赞优雅。鞋跟被卡住时，她首先停下脚步，请身边的威廉扶住她，再用半蹲的姿势，拔出鞋跟。

在当时的情况下，用半蹲的姿势一方面比较方便用力，另一方面比直接弯腰的仪态更加优雅、得体。

商务人士需要用到蹲姿时建议一脚在前，一脚在后，前脚掌全着地，后脚跟抬起，直身下蹲，上半身保持挺拔的状态。如果身边有其他人，建议高腿侧向对方，尤其对于穿裙装的女士来说，这样做会更安全一些。

女士蹲下时建议双腿膝盖并拢，不仅更加优雅，也是为了安全，防止走光；男士蹲下时，双腿之间可分开一拳左右的距

离，会更显大方稳健。

蹲姿得体会让人感觉更有涵养和分寸，处事从容，彰显商务精英的仪态之美。

（五）商务精英上下车礼仪

对于一位精英人士来说，一方面，座驾体现着乘车者的品位和审美；另一方面，乘车仪态也体现个人形象和气质。

1. 女士上下车礼仪

女士优雅的上车仪态通常是背入式，打开车门后，背对车座臀部先落座，双脚并拢进入车内。如果是穿裤装，双腿可以一前一后，但是一系列的动作建议是连贯的。

下车时建议采用正出式，正面朝车门，双脚先着地，再将上半身和头部伸出车外站起来，关车门时动作轻一些。

如果是有人帮助开车门或者撑伞，别忘了表达感谢，至少是点头致意，会让你显得更加谦和有礼。

2. 男士上下车礼仪

男士因为着裤装所以上下车会方便许多，一脚前一脚后上车即可。

下车时建议先迈一只脚站稳地面，身体适度前倾，以手助推迈出车门。

通常男士在坐下的时候会解开西装扣子，所以下车时轻抚一下领带，也是很有必要的，身体站直后再系上纽扣，轻轻关上车门，展现男士风度。

不良仪态的纠正方法

如今，很多人都是低头族，长时间看手机和伏案工作，也会造成很多仪态问题，严重的还会影响身体健康。但是不良仪态是可以纠正的，分享一些非常简单的仪态纠正方法。

1. 脖子前伸

脖子前伸的原因大多是后天不好的习惯造成的，比如坐姿、站姿不端正，长时间低头看手机、电脑，不注意仪态等。

建议有意识地提醒自己收紧脖子，如果需要长时间低头或者伏案，建议不时进行颈部拉伸，不仅能缓解疲劳，还能起到肌肉恢复的作用。

2. 圆肩

圆肩就是我们经常说的含胸，双肩不展开，容易给人不够自信的感觉。只要打开双肩，自信感就显露出来了。

想要改变圆肩的状态也不难，一种方法是通过扩胸运动开肩；另一种方法是贴墙站。贴墙站时不要穿有后跟的鞋子，穿平底拖鞋或者赤脚，双脚并拢，双腿收紧，膝盖用力向后，双肩平行向后打开，脖子伸直，双手自然下垂。

3. 骨盆前倾

骨盆前倾会给人造成一种"假翘臀"的错觉，但事实上，尽管身材纤细，但是却有明显小肚子，上腹平坦，下腹凸出。

长期伏案工作，或者穿高跟鞋不注意仪态，刻意翘臀都非常容易造成骨盆前倾。可以通过平板支撑来矫正，这是矫正骨盆前倾有效的方法，能够增强腹肌的力量。

四、不能想出手时就出手，手势礼仪需了解

在商务活动中，恰当地使用手势，可以有助于语言表达，并且彰显自信，但是如果手势过多，就会降低稳重感，如果手势不合时宜，还可能会引起一些不必要的误会。所以手势使用也要得体，把握分寸，避免歧义。

（一）手势使用有原则

准确原则。手势能反映出一个人复杂的内心世界，人们常用手势来传递各种信息和感情。为避免手势的混乱和歧义，建议尽量准确使用手势，使对方能够清晰、准确、完整地理解自己的用意。

规范原则。很多手势都有其规范要求，比如介绍手势、指引手势等，规范地使用这些手势会提升自己的专业形象。

适度原则。在与人交往过程中，必要时可以适当使用一些手势，但手势不宜过多，不宜过于夸张，以免喧宾夺主显得不够沉稳。并且手势的内容建议与表达的语言、面部表情等相协调，否则会给人一种缺乏自信的感觉。

（二）同样的手势也许有不同的含义

同样的手势在不同国家表达的意义可能大不相同。手势的运用只有合乎当地习俗，才不至于闹出笑话，避免误会。在我们看来，很日常的一些手势在不同国家可能有不一样的含义。

1. 掌心向下的招手动作

在中国这个手势主要是招呼他人过来，在美国则是叫狗过

来。如果不小心用错，后果可能会很严重。

2. 跷起大拇指

一般都表示顺利或夸奖他人，但也有很多例外。在美国和欧洲部分地区，表示要搭车；在德国、意大利表示数字"1"；在日本表示"5"；在希腊，表示"够了"；在美国、英国、澳大利亚等国家，表示"好""行"，与他人谈话时将拇指跷起来反向指向第三者，是对第三者的嘲讽。

3. 举手致意

也叫挥手致意。用来向他人表示问候、致敬、感谢。当你看见熟悉的人，又无暇分身的时候，就举手致意，可以立即消除对方的被冷落感。要掌心向外，面向对方，指尖朝向上方。千万不要忘记张开手掌。

4. OK手势

拇指、食指相接成环形，其余三指伸直，掌心向外。OK手势源于美国。在美国、英国表示"同意""顺利""很好"的意思；而法国表示"零"或"毫无价值"；在日本表示"钱"；在泰国表示"没问题""请便"；在巴西表示粗俗下流。

5. 摆弄手指

反复摆弄自己的手指，比如活动关节、掰响或是手指动来动去，往往会给人一种无聊的感觉，特别是在和他人谈话时，可能会让对方误认为你对话题不感兴趣。

6. 双手抱头

很多人喜欢用单手或双手抱在脑后，这一手势的本意是放松。但是如果是在与人交流过程中做出此手势，可能会给人留下傲慢、目中无人的印象。

7. 手插口袋

站立时手插口袋的这种姿势通常给人一种随性、放松的感觉，表明这个人可能不太拘泥于形式，当下的状态比较轻松自在。

但在较为正式或专业的场合，如商务会议或正式社交活动中，手插口袋可能会被视为不够正式或礼貌，因为这可能给人一种漫不经心或不尊重他人的感觉。

8. V 形手势

V 形手势是一种广泛使用的肢体语言，通常象征着胜利、和平或仅仅是时尚。但在不同的文化和语境中，它的含义和象征意义会存在差异，比如，在英国、澳大利亚、爱尔兰和新西兰等国家，掌心向内的 V 形手势被视为辱骂和无礼。所以，使用时需根据具体情况判断和选择，以免发生误解和冲突。

9. 伸直食指

在世界上多数国家此手势都表示数字"1"，但在少数国家，意思却大相径庭，比如在法国表示"请求提问"；在新加坡表示"最重要"；在澳大利亚则表示"请再来一杯啤酒"。

（三）手势禁忌

肢体语言影响着他人对我们的印象，也影响着沟通的效果。社会心理学家 Amy Cuddy 表示"有力的姿势"，比如自信的体态甚至可以爆发性地推动我们在各方面的成功。同理，不得体、不恰当的肢体语言也向他人传达着负面信息，影响个人形象和人际关系。以下这两个手势在与人沟通过程中是不宜出现的。

1. 挑衅的手指头

四指握拳，伸出食指，我们把这时的食指称作挑衅的手指头。心理学说，当我们将手掌握成拳头，只留出一个手指时，这根手指就仿佛凝聚了整个手掌的全部力量，一触即发。如果在和他人沟通过程中，用这个手势指向对方，对方会感受到隐藏在手指背后的那种迫使人妥协的力量，往往会在对方的潜意识中制造出一种负面的情绪。

在某些国家，例如马来西亚和菲律宾，用单独的手指指人是对对方的一种侮辱。因为在当地，这种手势只会被运用在动物身上。

在需要指人或者指物时，我们可以用手掌指引的方式，五指并拢，掌心朝上，指向所要指的方向。

2. 抗拒、傲慢的标志

双手交叉抱于胸前，这个动作会传递出傲慢、抗拒的信息，同时本身的可信度也会大大降低。

美国研究者针对这一动作做了专门的研究和数据统计。研究期间，一批参与研究的志愿者参加了一系列的讲座。期间，每位参与者按照研究人员的要求，保持双腿和双臂的自然状态，不跷二郎腿，也不抱胸，尽量以一种放松的姿势聆听讲座。在讲座结束后，记录每个人对讲座内容的掌握程度和对此次演讲的想法和观点。之后又安排了第二组志愿者听了同一个人同样内容的讲座，不同的是研究人员要求他们必须跷二郎腿、抱胸。

实验结果显示，与第一组坐姿自然放松的志愿者相比，第二组所掌握的讲座内容要少了38%，并且他们对于演讲者及其演讲的内容也更加苛刻、挑剔。

当一个人将双手抱在胸前，就好比在和交往对象之间筑起了一道障碍物，将不喜欢的人或物统统挡在外面。如果对面是客户，那么合作成功的概率会大大降低。

在和外籍人员沟通时，如果不确定手势是否会有歧义，减少使用会更加稳妥一些。

【礼仪心语】

对于职场人士来说，在提升专业能力的同时，也需要展示出良好的职业形象。因为在未了解你的专业能力之前，客户或者合作伙伴会通过外在判断你的实力、经验、视野、审美、品位等。从某种角度讲，你就是品牌形象。

——贾惠

职场成功的人士，通常都表现在三个方面：性格、能力、形象。形象是一种表达，是我们与世界无声的对话。无论个人形象还是团队形象，都彰显个性、审美、品位、生活方式。管理好形象，就迈出了成功的第一步。

——贾惠

第三章
商务交往礼仪

第一节　不做职场"万人嫌"，商务礼仪你得懂

　　小陈在一家猎头公司工作，对接企业招聘工作。因为客户平时工作比较忙，所以他与客户（一家跨国公司的部门经理）约了周五前去公司拜访，商谈合作事宜。

　　因为临近周末，小陈觉得没必要穿得太正式，就选择了休闲夹克、牛仔裤，外加运动鞋。准备好资料，就匆匆前往客户办公室见面。没想到，即便是临近周末，客户公司的职员大都是西装革履，小陈再想换衣服，已经来不及了，只能硬着头皮走进客户办公室。

　　一见面，小陈为了表现出自己的热情，马上伸出双手与经理握手，女经理礼节性地与小陈握了下手。

　　"您要不先看看我们为贵公司做的方案吧，相信一定不会让您失望。"小陈说。

　　经理接过方案，翻阅了一下，说："这样吧，你先把方案放在这儿，如果有需要我们会与你联系。我这边临时有个会议，我就不留你了。"

临出门前，小陈匆忙拿出自己的名片递给经理，说："经理，这是我的名片，您也给我一张名片吧，后期交流会方便些。"

小陈离开后，一直没有收到关于这个项目合作的消息。

在职场中，交往对象会根据你的外在形象、肢体语言、气质等方面主观地对你做出第一步判断。小陈从形象、举止、言谈等方面都缺乏作为一位专业人士应该具备的职业素养。透过小陈的一系列举止，客户判断小陈及所在公司的专业度、行业经验甚至实力都达不到他们所期望的标准。还没有深入交流，客户就在心里默默地否定了这家供应商，当然也就没有再继续沟通下去的必要了。

作为一次正式拜访，如果小陈着装得体，敲门进入客户经理办公室后，有礼有节地进行自我介绍，语言专业、严谨，展示出一位专业人士的职业素养，态度自信又有礼，也许就能多一个合作机会。

在职场，初次见面时良好的外在形象，包括着装、举止等，可以向交往对象传递出一位训练有素的专业人士形象。言辞恳切、礼貌，举止得体，这样的职业人士，在职场中会更受欢迎，相信对业务推动以及个人职业生涯发展都会更加顺畅。

第二节　见面礼仪知多少

在商务活动中，见面时的形象、举止、语言构成了一个人的第一印象。著名心理学家 Albert（阿尔伯特）博士的"7∶38∶55 表现定律"指出：人的第一印象构成要素中，55% 来自身体语言，包含着装、行为举止等，38% 来自说话的语音语调，只有 7% 来自谈话的内容，这也反映了在初次商务交往过程中，形象和良好行为举止的重要性。

在职场，着装得体、举止有礼、言辞恳切，这样的人可以向交往对象传递出一位训练有素的专业人士形象，有助于商务人士开启成功商务交往的大门，为后面的沟通奠定良好的基础。同时相信他们在职场中也会更受欢迎，业务推动以及个人职业生涯发展都会更加顺畅。

当然情感（礼：尊重 / 善意）与表现形式（仪：形 / 行）是相辅相成的，礼外在的形式是为了更好地表达内心，关于尊重、真诚、自信等，但如果规范、形式或技巧凌驾于情感之上，甚至成为全部，形式就是空洞的。随着年龄增长，我们会更加觉得真心实意的可贵。由心而发又行为得体会更有力量。礼仪，让灵魂透过行为折射光芒！

一、称呼得体，沟通更顺畅

在商务交往中，与客户见面，碰到的第一个问题就是怎样得体地称呼对方，合乎礼节的称呼是表达对他人尊重并表现自己礼貌和修养的一种方式，也会让接下来的沟通更加顺畅。

商务人士需要了解通用的称呼礼仪，至少确保称呼得体。

（一）国际通用称呼

（1）泛尊称：一般对男士可统称为"先生"；对女性统称为"女士"。

（2）职称类称呼：对医生、教授、法官、律师和博士等，可单独称其头衔或学位，也可加上姓氏，如"李教授""王律师"等。

（3）对王室成员，称国王、王后为"陛下"，称王子、公主、亲王等为"殿下"；对有公、侯、伯、子、男等爵位的人士，可称其"爵位"，也可称呼"阁下"，一般也可称呼"先生"。

（二）国内通用称呼

（1）职务称呼。在商务场合，以交往对象的职务相称，这是一种最常见的称呼方式。具体称呼方式：职务前加上姓氏，如"张经理""李主任"等。

（2）职称称呼。对于有职称者，尤其是高级、中级职称，可直接以其职称相称。具体称呼方式：职称前加上姓氏，如"张教授""王工程师"等。

（3）学衔称呼。在工作中，可以称呼学衔。常用的方式是在学衔前加上姓氏，如"王博士"等。

（4）职业称呼。也可以以职业作为称呼。如"老师""医生""会计"，通常会在职业前加上姓氏或姓名。

（5）姓名称呼。在工作岗位上称呼姓名，一般限于同事、熟人之间。

除了上述通用性称呼，不同地域可能还会有不同的称呼习惯，交往对象性格不同，称呼的方式也可以适当变化以便拉近距离，在具体运用时建议灵活掌握。建议称呼注意以下六个方面。

1. 通用称呼也要避免有歧义

我们大多时候称呼会习惯以"姓氏 + 职称或职务"的形式，为了方便会简称，比如称呼"李总经理"为"李总"，称呼"王处长"为"王处"，但是如果对方姓聂，就不适合称呼"聂处"，而是建议全称"聂处长"更妥，称呼之前要三思而后行，避免得罪了人而不自知。

2. 称呼就高不就低

如果对方身兼数职或者有多重身份，这时在称呼上建议遵循"就高不就低"的原则。比如对方是总经理，就称呼其为"×总"，而不是称呼"×经理"；如果对方是副总，也建议称呼其为"×总"。

3. 自我介绍时要谦虚低调

口头自我介绍时，建议以谦虚低调的姿态为佳，避免介绍自己时用"×老师""×专家"的形式，比如我在自我介绍时一般会说："您好，我是贾惠，是卓雅礼仪的负责人，也是一名礼仪培训师。"假如我介绍"您好，我是贾惠老师，是卓雅礼仪的总经理，也是一名资深的国际礼仪培训师。"这两种介绍方式带给交往对象的感受是不一样的。

4. 以对方喜欢的方式称呼

在中国北方大多数人不喜欢被叫小姐，但是在广东广西一带这个称呼却很常见，称呼一位年轻的女孩为女士她们可能还会认为叫老了自己；性格爽朗豪放的东北人，如果一直称呼他们先生、女士，他们可能会觉得距离太远不够有亲和力，反倒是称呼"哥、姐"更受用。所以在称呼时也需要考虑交往对象的性格、地域等因素。

5. 慎用绰号

有时候同事之间关系很近了，可能会起一些无伤大雅的绰号，私下偶尔打趣一下关系不大，但是在正式场合建议还是称呼得正式一些比较好。比如，在介绍同事给客户时，礼貌得体的介绍也会体现同事的专业性，更有利于后期工作的开展。

6. 注意称呼顺序

如果一行多人，称呼问候时建议先问候尊者，依此类推，主次分明。

称呼得体会为接下来的商务交往奠定良好基础。

二、商务活动中常用的见面礼

国际上见面礼仪有很多，不同国家、不同地域大多也有一些特有的见面问候方式，本书中主要分享商务场合经常使用的几种见面礼仪。

（一）握手礼

关于握手礼的由来有很多不同的说法，一种说法是它源于中世纪，由于当时战乱纷争不断，骑士们全身都被盔甲包裹，如果想要表示友好，互相走近时就脱去右臂甲胄，伸出右手表示没有武器，互相握手言和；另一种说法是它源于远古时期，人们以狩猎为生，如果遇到陌生人，双方无恶意情况下就会放下狩猎工具，并且摊开手掌让对方看，表示手里没有武器，随着时代变迁就逐渐演变成握手礼。

无论由来如何，握手礼的初衷都是为了表达友好和善意。所以如今商务场合握手也多用于见面时的问候、合作达成或者祝贺等场合。

握手虽然只有短短几秒，但其中却"大有文章"。美国著名作家海伦·凯勒曾说："握手，无言胜有言。有些人拒人千里，握着冰冷冷的手指，就像和凛冽的北风握手。有些人的手却充满阳光，握住它使你感到温暖。"握手这几秒，可以充分表达出你的态度，是热情和自信还是敷衍了事；是游击队还是训练有素的正规军，都可以通过握手略知一二。

握手通常讲究"尊者决定"的原则，即由上级、长辈、女士先伸出手之后，下级、晚辈、男士再伸手相握；若有多人在场，遵循由尊而卑的原则。

握手时双方大概相隔一臂距离，双脚立正，双方虎口交叉相握。面带微笑，并致以简单问候，如"很高兴见到您"或者"很荣幸认识您"等。如果与尊者握手，身体可以微微前倾；如果坐着，没有特殊情况建议最好起身相握，表达自己的尊重之情。

我在礼仪培训课上，经常有学员提问和女士握手是否轻轻握指尖便好？在商务场合中建议淡化性别，更强调上级和下级、甲方和乙方、主人和客人，而非男士和女士，平等对待即可。如果是在社交场合，比如晚宴，男士握女士的指尖则能体现绅士范。

通常情况下，握手的时间持续在3秒左右为宜，不宜过短或过长；同时需要注意力度适中，太轻显得软绵无力、不够热情，太重也会引起对方不适。

另外，不得体的握手可能会传递出负面的信息，大家在握手时建议规避以下礼仪禁忌。

（1）忌左手握手。商务礼仪中"以右为尊"，所以用右手握手表达的是对对方的尊重。

（2）忌交叉握手。建议不要越过对方的手与其他人握手。

（3）忌戴手套握手。不要戴着手套与他人握手（女士礼服手套除外），否则会显得诚意不足。

（4）忌与异性双手相握。双手与异性握手可能会显得过于热情，与人交往"度"的把握很重要。

（5）忌握手时三心二意。握手时左顾右盼，眼神不关注对方则会显得一个人诚意不足，建议握手时双方都有眼神交流。

（6）忌在握手时还戴着墨镜。建议与他人握手前摘下墨镜，会显得更加礼貌、谦和。

（7）忌与人握手后立即擦拭手掌。这一行为会让对方觉得你不愿意与之握手，容易发生误会。

（8）忌用不干净的手与人握手。如果对方想和你握手，这时自己的手又不干净，则可以礼貌地告诉对方，比如："不好意思，我的手上有水。"

（9）不要一直握着对方的手不放。不要在握手时拉拽对方或者一直握着对方的手不放，过度热情或者暗自较量都不是一个专业商务人士该有的行为。

（10）不要一只手握手，另一只手插在口袋中。这样握手很容易显得傲慢。

细节决定成败，见面时得体的握手礼可以为接下来的沟通洽谈奠定更好的氛围，也能展现出自信和不卑不亢。

（二）点头礼

点头礼适用于公共场合与熟人相遇又不方便交谈时、同一场合多次见面或者路遇熟人等情况时，是商务人士用得非常多的一个礼节。

通常由晚辈、下属先向尊者表示敬意，比如，下级先向上级行点头礼，主人先和客人行点头礼，年轻者应先向年长者行点头礼。点头时面带微笑，目视对方，头轻轻点一下即可。

注意避免反复点头，身体也不需要大幅度弯腰。另外不宜戴着帽子行点头礼（女士的礼帽除外）。如果戴了帽子，行礼前建议取下帽子再行礼。

（三）鞠躬礼

鞠躬礼，弯身施礼以示恭敬。最早起源于中国先秦时期，现在在日本、韩国等运用最为广泛。鞠躬礼既适合用在庄严肃穆、喜庆欢乐的场合，也适用于一般的社交与商务场合，以表达对交往对象的尊重。

行鞠躬礼时建议先与受礼者有目光的接触，然后再施礼。以腰为轴，行礼时男士双手自然下垂放于身体两侧，女士可右手握左手放在腹前。和点头礼一样，行鞠躬礼前也需要取下帽子。

鞠躬幅度按场合、对象的不同会有所差异，通常鞠躬的幅度越大，所表示的敬重程度就越大：

15 度鞠躬礼：表示一般致意、问候；

30 度鞠躬礼：通常表示致谢或者致歉；

45 度鞠躬礼：表示非常诚恳地致谢或者致歉；

90 度鞠躬礼：通常用于十分正式、严肃的场合，比如婚礼、葬礼或者忏悔等特殊场合。

通常，建议受礼者还以鞠躬礼，但长者、上级及女士等还礼时，不必鞠躬，可欠身或点头答礼。

三、得体介绍提升好感度

在商务交往中，尤其是初次见面时都需要自我介绍或介绍他人，得体专业的介绍可以起到人与人沟通的桥梁作用。

商务场合的介绍通常有两种情况：自我介绍和介绍他人。

（一）自我介绍

在一些商务活动中想认识某人又无人引见时，需要自我介绍。自我介绍得体礼貌，会提升自己在他人心中的好感度，建立更深刻的第一印象。

首先，把握介绍的时机。如果对方正在与他人交谈、心情不好或者特别忙碌，这时贸然过去介绍自己，其效果可能会不太好。见面的第一时间，或在对方比较空闲的时候做自我介绍，会更有利于接下来的沟通。

其次，自我介绍的态度。自我介绍时态度应自然、友善、亲切、落落大方、彬彬有礼，语速不紧不慢，发音清晰，彰显出自信。

最后，介绍的内容。商务场合自我介绍的内容一般包含姓名、供职单位和部门，并附上名片加以说明。比如："王总您好，我是卓雅礼仪市场部的×××，这是我的名片，还请您多多指教。"自我介绍时，单位、姓名建议完整一些，避免发生歧义，比如"作协"和"做鞋"字音一样，但意思却相差甚远，首次介绍尽量减少误会。

职场人士自我介绍时展现出自身的专业性，更能引起对方的重视，同时不卑不亢的姿态是比较理想的。

自我介绍时用手掌指向自己，掌心向内，面带微笑，目视交往对象。忌用大拇指指自己，这样会显得比较傲慢。

（二）介绍他人

介绍他人是经第三方为彼此不认识的双方引见、介绍的一种方式，介绍人起着让双方认识的桥梁作用。

介绍他人建议遵循"尊者优先知情权"的原则，通常将男士先介绍给女士，晚辈先介绍给长辈，下级先介绍给上级。介绍的同时手势指向被介绍者，五指并拢，掌心向上，会显得更加得体、专业。

建议介绍人和被介绍人都起立，以示尊重和礼貌，介绍时言简意赅，如"张总您好，请允许我介绍一下，这位是××公司的李总"，待介绍人介绍完毕后，被介绍双方可微笑点头示意或握手致意；在宴会、会议桌、谈判桌上，视情况介绍人和被介绍人可不必起立，被介绍双方可点头微笑致意；如果被介绍双方相隔较远，中间又有障碍物，可挥手或者点头微笑致意。

如果是主动介绍他人互相认识，建议在介绍之前，先征求一下被介绍双方的意见。否则贸然介绍容易显得唐突，可能会让被介绍者感到措手不及。

在职场行走，礼仪就是一封通行四方的介绍信，它有利于我们建立更好的人际关系。

四、小名片也有大讲究

名片，据史料证明起源于我国西汉时期，是在社交活动中表达自己身份的一种方式，如今已经是职场人士商务活动的重要工具。交换名片，意味着商务活动的开启。规范得体地交换名片，能展示出一位职场人士良好的职业素养，如果不得体甚至还会影响商务活动的成败。

（一）递名片礼仪

名片就是一个人的身份，它表明你是谁，是干什么的，以及你为谁工作。

建议商务人士的名片放置在方便拿取的地方，避免要用时找不到就很尴尬了。谁先递出名片比较得体？这是很多人可能都比较困惑的问题。

递名片时，建议遵循"尊重优先知情权"的原则，即晚辈向长辈、下级向上级、男士向女士先递出名片；如果双方同时递出名片，这时先接再递更得体。

递名片时，建议双手拇指和食指分别持名片的两个角，字体朝向对方，名片可微微向下倾斜，方便对方阅读，齐胸高度递出，会显得更加专业。和尊者交换名片时，建议上身微微前倾，欠身施礼，显得更尊重。

现在为了方便，很多企业已经在使用电子名片，用线上的形式传送给交往对象，建议名片模板使用公司统一版式，避免过于花哨。另名片发送给对方后，建议再发送一些文字进行辅助说明，比如："我是卓雅礼仪的×××，这是我的名片，请多多指教。也期待后续有机会为贵司服务，谢谢！"

（二）接名片礼仪

接名片时，除特殊情况外，无论男士还是女士，尽可能起身或欠身，面带微笑，用双手的拇指和食指拿住名片两端接过，并视情况说"谢谢""认识您十分荣幸"等。

接过名片后，认真阅读，妥善保存，建议可以放在精美的名片夹中。如果收到多张名片，在沟通时可以放在面前的桌子上，方便交流时更及时准确地称呼对方，但一定记得离开时将名片带走。

名片切忌放在裤兜中，名片也是一个人的脸面，放置不当是十分失礼的行为。曾经就有某汽车品牌销售人员将客户的名片放在臀部口袋中，引发客户不满导致两人发生激烈争吵，影响十分不好。

如果在他人向你递出名片之时，自己没带名片，建议接过名片后表示歉意，并简单解释一下："不好意思，我的名片用完了，稍后我将联系方式发给您。"

小名片，大讲究，每一个商务交往的细节都是自己专业性的无声说明。

第三节　商务往来显诚意和涵养

在商务交往中，拜访时准备充分、有礼有节；接待客户时礼貌热情、彬彬有礼，会更容易赢得交往对象的好感和信赖，促进商务活动开展。

一、这样拜访让效果事半功倍

商务人士都避免不了需要拜访客户或合作伙伴。想要有效地拜访，建议拜访前做好充分的准备工作；拜访时做到胸有成竹、言行举止得体有度、注重礼仪，这样能更容易赢得拜访对象的好感和信赖，从而促进商务合作。

拜访时建议留意以下礼仪细节。

（一）上门拜访先预约

拜访客户之前先和对方预约上门拜访时间是非常有必要的，既可以让拜访对象有所准备合理安排，也避免自己去了又见不到被拜访人，白白浪费时间。

1. 初次拜访，时间约在工作时间为宜

如果不是宴请，建议避开午餐和晚餐时间。尤其拜访不熟

悉的异性客户，最好是约在白天，请对方用餐建议预约午饭，会更加得体。下班后通常是一天最放松的状态，容易拉近距离，但同时也容易滋生暧昧，所以尽量避免晚上和不熟悉的异性客户见面，当然也不能一概而论，要视具体情况而定。

2. 提前确认

尤其是约见重要的客户或领导，建议提前一周或一周以上和对方预约，在拜访前一天可以再次联系对方确认一下拜访事宜，避免临时有变化或者对方遗忘的情况发生。

如果是拜访外企，预约更是非常必要的一个环节，比如德国人如果没有提前预约被对方拒之门外是很常见的现象，日本人也是，对方甚至会通过是否事前预约来判断你是否真的尊重他。所以拜访之前先预约，不做不速之客，更有助于有效地开展接下来的工作。

（二）拜访之前先"热身"

一次好的拜访并不是说走就走的，拜访前的热身工作一定不能省，这也是尊重对方、重视对方的表现，节省彼此时间，你的"有备而来"相信客户会感受得到。

1. 了解拜访对象

拜访前对拜访对象做一些基本了解是有必要的，如喜好、禁忌、性格等；另外，还需要了解拜访企业的一些信息，明确拜访的目的，让拜访更加高效、成功。

2. 准备好相关资料

洽谈需要用到的资料、方案、名片等，提前准备、清点，到了现场会更加从容不迫。

3. 形象得体应景

出发前检查仪容仪表是否得体，发型是否干净利落，服装是否整洁、符合场合，皮鞋是否一尘不染，皮包是否搭配协调等，塑造良好的职业化形象，有助于提升专业度。

（三）拜访时的礼仪

拜访时的行为举止直接关系到拜访的成功与否。拜访时建议注意以下细节。

1. 准时到达

要想给交往对象留下好印象，守时是每位商务人士都需遵循的一项准则。个人习惯是提前准备好资料，提前出门避免堵车的风险。通常建议提前 15 分钟到达，这样到达约定地点后还能稍做准备，避免失仪。同时也要避免提前很久到达，让对方措手不及。

2. 提前告知

到达拜访单位后，可以先告知工作人员，让其通报一声，再去指定的办公室或者会议室等待。如果没有工作人员引导，可以先发信息告知被拜访者："我已经到达贵司楼下，请问现在方便上来吗？"让对方也有所准备。

3. 举止得体、表达流畅

行为举止会展现一个人的气度，语言会体现出一个人是否自信。你是否专业，都藏在你的一言一行中。拜访客户时，建议举止得体、大方，进入办公室之前先将手机调至静音模式，避免一些不够大方稳重的行为，比如进门时先探头查看、频繁挠头等。表达时思路要清晰、富有逻辑，也可以先准备一些沟通话题，让整个拜访过程更加顺畅，提高客户对我们的印象分。

（四）适时告辞展现分寸

有效率的洽谈完成之后，拜访者就可以提出告辞了，避免耽搁对方的时间。但不建议对方刚说完一段话后我们就起身离开，可以再寒暄一下，预约下次见面的时间和事宜，再起身告辞。离开时把椅子归位，带走自己喝过的矿泉水瓶、纸屑等，彰显职业素养。如果对方起身相送，可以有礼貌地表达请对方留步，增添好印象。

员工是品牌和客户之间的桥梁，员工形象就是企业形象，员工行为就代表着企业行为。一次成功的商务拜访能给客户留下你值得信赖、专业的印象，进而信赖你所推荐的产品，可为企业赢得良好的口碑，从而为商务合作的达成奠定良好基础。

二、待客之道彬彬有礼

接待客人的过程就是展示公司待客之道，体现公司文化和软实力、树立公司形象的过程。接待人员是展示给客户的第一张名片，得体、有礼的接待能够彰显出企业形象和品牌魅力。

热情、彬彬有礼的待客之道，会让接待更有温度。客户与接待方接触的每个环节都可能影响其对产品和品牌的信任和忠诚度，对待客户的方式决定了客户对品牌的印象，如通过接待赢得交往对象的好感和信赖，则有利于促进有效的沟通和商务活动的开展。不得不说，商务礼仪是每位职场人士的必修课！

在接待时哪些细节可以为商务活动加分呢？

（一）接待规格表达诚意

了解接待规格是接待工作的第一步，通过这一细节可以看出接待方是否具有诚意，同时是否具备分寸感，礼数不周会显得诚意不足，礼数太过也会给对方压力。

接待规格通常分为三类。

1. 高规格接待

在商务交往中，高规格接待通常体现为一种更为正式、隆重且细致周到的接待方式，旨在表达对来访者及其合作项目的高度重视。比如体现在：高级别的接待人员、精心策划的行程安排、提供高档餐厅的宴请、豪华的住宿条件等。

整体而言，高规格接待通过高标准的服务和细节处理，旨在营造尊贵、友好的氛围，体现了对来访者的尊重和重视，也是展示自身实力、促进双方合作的重要手段之一。不过，具体实施时还需根据实际情况灵活调整，避免过度铺张浪费。

2. 对等接待

对等接待是指在商务活动中，根据来访者的职位等级、来访性质及双方关系，采取相匹配的接待规格和形式。基本原则是"以礼相待，平等互敬"，即接待方提供的接待水平应与来访方相当，避免过高或过低，以体现双方的平等和尊重。例如，若来访者是对方公司的高管，则我方也应安排相应级别的领导出面接待；在活动安排上，应考虑双方共同的兴趣点和需求，确保活动内容既符合商务目的又不失礼节；在餐饮和住宿方面，选择与来访者身份相匹配的场所和服务，既不过分奢华也不失体面。这样既能有效促进双方交流，又能维护良好的合作关系。

3. 低规格接待

在商务交往中，"低规格接待"通常是指根据来访者的身份、来访目的以及接待方的资源和策略安排的一种相对简单、不那么隆重的接待方式。这并不意味着对来访者的不尊重，而是基于实际需要和成本效益考虑所做出的选择。比如接待人员可能指派较低级别的员工或部门负责人进行接待，而不是公司高层亲自出面。活动安排可能只安排简单的会谈或工作餐，而不会组织大型的欢迎仪式或高档宴请等。

需要注意的是，尽管是"低规格"的接待，但基本的礼仪和尊重仍然非常重要，确保来访者感到真诚、舒适和被重视是关键。

（二）接车彬彬有礼，让客人宾至如归

接待重要领导或者客户，有时对方可能是远道而来，这时接待方最好可以前往机场、车站进行迎接，以表达对对方的重视。

1.提前了解到达信息

如果是远道而来的外地客人或者外国客人，建议先了解对方车次或者航班的到达时间，是否有延误或者提早到达，这些信息都是可以通过手机 App 查询到的，便于更合理地安排接待工作。

2.提前安排食宿

在客人到达之前，接待方可以提前安排好住宿和用餐的相关事宜，避免出现客人到达后临时安排的尴尬局面。

3.提前到达

接机或接站时，建议迎接人员提前到达，尽量避免让对方久等。提前准备好交通工具，不仅会让客户感受到被重视，还能为客户留下井井有条的好印象。

4.热情问候

见面时第一时间向对方热情问候，如"一路辛苦了""欢迎来到××"等。面对外国客人，如果对方的见面礼节是拥抱礼、亲吻礼等，礼貌接受就可以。

5.注意乘车位次

根据来访者的身份合理安排乘车座次，将尊者安排在尊位。

这一点在本章第四节乘车位次礼仪中有详细的分享。将客人送到住所后，建议主要接待人员不要马上离开，应稍做停留，与客人热情交谈。离开前告诉客人下次见面的地点、时间及联系方式。

俗话说"礼多人不怪"，无论是第一次来的客人还是经常来的客人，热情、主动、周到都会为其留下更好的第一印象，有助于促成双方合作的达成。

（三）商务距离体现边界感

在心理学上有一个法则叫"刺猬法则"，指的是在人际交往中，适当的距离能够促进良好的人际关系。生物学家通过观察刺猬的生活习性得出这一法则。在寒冷的冬天里，两只刺猬要依偎取暖，一开始由于靠得太近，各自身上的刺将对方扎得鲜血淋漓。后来它们调整了姿势，相互之间拉开了适当的距离，不但互相能够取暖，而且还很好地保护了对方。

有句话说"距离产生美"。人与人交往，保持适当的距离，既是对各自空间领域的尊重，也是分寸感的表现。著名人类学家爱德华·霍尔博士根据对象、场合的不同将人际交往的距离进行了划分。

1. 亲密距离

这是人际交往中的最小距离，通常50厘米以内都属于亲密距离，通常只有关系亲密的人才会进入这一距离，比如爱人、亲人等。其中15厘米以内属于近位亲密距离，比如恋人、爱人之间；15~50厘米属于远位亲密距离，亲人之间更加适用。

2. 个人距离

指的是身边50~100厘米的个人空间。如果是很熟悉的人之间交流，使用这个距离。另外商务场合需要握手、递名片时也建议保持这个距离。

3. 社交距离

通常社交场合的合适距离为100~300厘米，显得比较庄重。职场中和领导、同事、客户交往建议在这一区间内更加得体。

4. 公众距离

这一距离指的是在一些大型论坛、报告会、演讲等场合适用的距离，通常在300厘米以上。

适度的交往距离会让交往对象更加舒适、放松，没有压力，有助于双方更愉悦地进行沟通。

（四）奉茶礼仪有讲究

在商务交往中，通过奉茶这样一个小小的细节，客户就可以看到一个人的职业素养甚至是公司的待客之道。

奉茶有哪些讲究，如何奉茶才能体现出良好的职业素养呢？

1. 询问喜好不能省

客户入座，建议第一时间询问客户想喝什么，为对方提供选择而非开放式问话会更有效率，过程也会更加顺畅。比如："李经理，我们这里有柠檬水、红茶、绿茶、现磨咖啡、果汁，请问您想喝点什么呢？"客户给出答复后，请客户稍等。

2. 茶水适当，端法得当

俗话说"茶满欺客"，在中国，将茶水倒满是不礼貌的，同时太满如果是开水也容易洒出来烫到自己或客户，所以，倒茶通常七分满即可。

3. 礼貌上茶

上茶时建议右手持杯子 2/3 以下的位置，避免接触杯沿，左手可以托杯底，置于身体侧方。走到客户面前，先轻声提醒，如"打扰一下李经理，这是您要的红茶"，然后双手将杯子放在客户的右前方，如果是带杯耳的杯子，杯耳朝右，更方便客户拿取；如果来访者不止一位，奉茶时建议用托盘，以提升工作效率。

4. 上茶有序

上茶时，建议先给尊者奉茶，依此类推。如果人数较多或者尊者座位距离较远，也可以由近及远依次奉茶。上完茶后，建议后退半步，用右手手掌示意"请您慢用"。

5. 低位奉茶用蹲姿

如果客户坐在沙发等比较低的座位上，奉茶时建议用蹲姿更雅观，尤其避免臀部对着客户或领导。

6. 放杯子的动作要轻盈

放杯子时轻拿轻放，避免发出较大的响声。如果是玻璃桌面，可以用小拇指稍垫一下杯底，起到缓冲的作用。

7. 适时添茶

如果客户或上司的杯子需要添茶了，应主动添茶。添茶时也是遵循尊者优先的原则，先给客户添茶，再给上司添茶，最后给自己添茶，主次分明。

（五）中式茶道礼仪

很多商务人士都喜欢喝中国茶，在办公室也会准备一套完备的中式茶具用以待客，每每客人来访，泡上一壶茶，谈事喝茶叙谊。简单一杯茶包含许多学问，泡茶、斟茶、品茶、添茶都有讲究，下面就泡茶顺序与大家分享一下中式茶道礼仪。

1. 温壶

泡茶对温度有讲究，到达一定温度才能激发出茶香，另外通过温壶能起到清洁效果。所以在正式泡茶之前，需要往茶壶中注入热水，轻轻摇晃后倒出，这一步骤就是温壶。

2. 装茶

用茶匙辅助装适量茶叶到茶壶中，这样操作比较卫生，也多了一份庄重感。

3. 洗茶

因制茶过程有可能会有灰尘和杂质，所以通常第一泡茶是不喝的。另洗茶也有洗去凡尘和喧闹之意。

4. 敬茶

敬茶顺序通常是先敬尊者，先老后少，先客后主。敬茶时说声"请喝茶"。在第一次斟茶时，先给重要的客人、长辈斟茶，第二遍时可按顺时针顺序斟茶。

5. 茶杯放在托盘上

请客人喝茶时，建议将茶杯放在托盘上，并用双手奉上。当宾主边谈边饮时，留意及时添茶，体现对宾客的敬重。善"品"者，小口啜饮。当主人为客人添茶时，可以用手轻扶茶杯以示尊重，然后回以叩指礼。

6. 新客换茶

喝茶时，如果中间有新客到来，主人为表示欢迎，建议换茶，否则容易有怠慢之嫌，换茶叶之后的二冲茶可以请新客先饮。

7. 避免无茶色

数冲之后茶水从浓到淡，通常需更换茶叶。如不更换茶叶，茶已无色还在饮用，有对客人冷淡之嫌。当然如果已经很晚了或主人另有安排，主人不再换茶可能也是暗示希望早点结束。

8. 放置茶壶

放置茶壶时壶嘴不宜正对他人。

以上关于奉茶的细节会令接待方更得体地展示出自身的风范，彰显企业形象。

（六）递送物品展现礼貌和周到

在日常工作中，我们经常需要向他人递送物品，如何递送才能展现出一个人的周到和为他人考虑的用心呢？

1. 态度真诚

与人交往过程中，无论递送什么物品，都需要态度真诚，眼神关注对方，避免给人递东西时东张西望。尤其是递送尖锐物品，比如剪刀、笔。递送时建议笔尖、刀尖不对人，一方面方便他人拿取使用，另一方面保护他人安全，相信这个细心的举动他人也会看在眼里。

2. 双手递接

递物时，为了表达对交往对象的尊重，建议双手齐胸递出。当他人给我们递物时，我们最好也双手接，尤其是面对长辈时。有时递送比较小的物品可能无法双手拿，比如递送回形针，可以右手拿着物件，左手稍微扶住或托住右手递给对方。

3. 递接到位

在递东西时，需要考虑如何才能方便对方，高度、方向、角度建议都以方便对方为佳，对方也能感受到你的细心。比如给领导递送汇报资料时，建议双手递且文字正面朝向领导，这样不仅方便对方阅读，也是表达对上级领导的一种尊重，会在不经意间给领导留下好印象。如果是多页的文件或者文件夹，建议翻开资料再递给对方，会显得更细心周到。

在人际交往中有礼有节、顾及他人感受、行为得体，我相信这样的人士在职场会走得更远。

（七）商务送别不失礼

得体的送别会给客户留下更美好的印象，为下一次的沟通交流打下良好基础。送别客人时该注意哪些细节呢？

1. **加以挽留**

客户离开时，我们可以根据客户的安排礼貌地加以挽留，表达我们的不舍之情。

2. **起身在后**

建议在客人起身道别之后，主人再起身，否则可能会有逐客嫌疑。在客人起身离开时，建议环顾一下周围，看有没有遗落物品，如有及时给予提醒。

3. **相送一程**

客人离开时，建议主人相送一下。最基本的送客礼节是送到办公室门口，但需要留意不宜在客人前脚刚迈出房间门，主人就"啪"的关上门。建议等客人走远后再轻轻关上门。其次是电梯送客礼，自己或秘书将客人送到电梯间，帮忙按一下电梯按钮，等客人进入电梯，电梯门完全合上后再离开，如果电梯门还没关上就离开会让客人觉得十分敷衍。或者是送客到车旁，这种方式更加显出我们的诚意，等车消失在我们的视线范围之外，再转身离开更稳妥。最后一种送别形式是全员送客，公司所有的工作人员都到门口送别，这是送别礼中最高级别的。记得有一次在某公司做培训，培训结束全员送我到大门口，车子开出很远他们还在门口挥手，让我非常感动和印象深刻。

4. 送别手势

送别的时候通常以挥手礼告别，伸出右手，掌心在前，高度位于肩膀和头顶之间，轻轻左右

摇摆几下，加上口头道别即可。

礼貌道别，给客户留下美好的回忆，让商务交往有一个圆满、愉快的收尾，可以为下次愉快沟通做好铺垫。

三、商务馈赠学问多

得体的馈赠，恰似无声的使者，给商务活动锦上添花，拉近与客户的距离。而得体的馈赠不仅是自己情谊的表达，还需要考虑到受礼者的喜好，是否会增加其压力等。所以商务馈赠也是一门艺术。

（一）商务馈赠讲原则

1. 投其所好

投其所好，避免禁忌。准备礼品之前我们建议对受礼对象有所了解，比如生活习惯、喜好，特别是有自己信仰的人我们一定要避其禁忌。

2. 轻重原则

礼轻情谊重，馈赠的礼品建议以对方能愉悦接受为前提，送的贵重不如送的有特色，同时也需要根据自己的馈赠目的和预算来选择合适的礼品。另外还要区分性别，比如送男士礼物，比较中规中矩的礼物有酒、茶等；如果了解比较深，熟识了，也可以选择钢笔、电子产品等用品；如果是女士，送香水、口红、佩饰等都比较实用，也不会给对方造成压力。

3. 几不送原则

在选择礼品时，下面几类建议不考虑：

· 不送过于昂贵的礼物；

· 不选择过于便宜的产品或者伪劣产品；

· 不送不合时宜、不健康的礼物；

· 不送容易让对方产生误解的物品；

· 不送触犯对方禁忌的物品；

· 礼品上不要带有标签。

4. 尊重习俗

由于不同国家、不同区域、不同民族的风俗习惯、文化背景不同，在送礼时往往也会有不同的习俗。比如说在中国看望老人，不建议送钟表、菊花；在阿拉伯国家，不送酒等，在选择礼品时要规避忌讳。

（二）选对赠送时机

通常来说，如果是上门拜访，拜访者可以在刚见面时拿出礼物相赠；如果是被拜访者，可以在离别时拿出自己的礼物相赠。相见时赠送礼物，能迅速地将两者感情升温；而离别时赠送礼物，则能够适当地表达自己的不舍之情，从而增进感情！

此外，赠送礼品还可以选择节日或者比较特殊的日子，比如春节、生日等。

（三）掌握赠送技巧

首先，不建议在公开场合送礼，以免给对方带来不好的影响，除非是参加生日会这类活动大家都一起送礼时，可以公开馈赠；其次，精美的包装不仅使礼品的外观更具艺术性和高雅情调，并显现出赠礼人的文化艺术品位，还可以使礼品保持神秘感。这既有利于交往，又能引起受礼人的探究兴趣和好奇心，令双方愉快。

送礼物时，热情友善的态度和落落大方的举止并伴有礼节性的语言表达，更有利于情意的表达，使馈赠恰到好处，馈赠效果更好。

（四）受礼礼仪

当收到他人的礼物时，在允许的情况下可以欣然接受，双手接过并表达感谢。在中国，通常习惯等人离开后再打开礼物，如果当着客人面打开可能会显得有些迫不及待。而在国外，当着送礼人面打开礼物是表达自己的喜爱之意的方式。

如果不方便接受礼品，可在表达感谢之后再婉言拒绝，并说明不能收礼的原因，避免尴尬。

作为礼尚往来，收礼人也可选择一份合适的礼物，在合适的时机回赠给对方。

俗话说"礼轻情意重"，一份用心的礼物是拉近距离的良方。

职场中最让你受益的六个礼仪细节

下面六个细节是经过卓雅礼仪团队长期的实践总结出来的，分享并共勉。

1.根据事情的轻重缓急，列出每日的工作清单

职场人士忙碌很正常，加班加点也是常态，面对繁杂的工作，你真正需要的不是抱怨工作量太大，你可以在每天工作开始前花5分钟列出当日的工作清单，按轻重缓急列出工作任务，完成一项就打上钩，就能让你的工作一环接一环，有条不紊地进行。

2.把自己的时间调快5分钟

别小看这么一个小小的举动，它会让你早上早起5分钟，思路清晰、衣冠整洁地去上班，会让你在约定的时间提前到达，会给自己下一项工作留出充裕时间。

3.睡前静思10分钟

睡前把玩手机的时间缩短10分钟，总结一下当天的工作，有什么地方值得肯定，又有哪些地方还需要改善，有利于我们及时调整工作思路和方法，使得工作质量更高。

4.放一本书在包里

经常放一本书在包里，养成阅读的好习惯。车站等车时、餐厅用餐等餐时、飞机上、高铁上，都是我们的阅读场所。一

段时间后你会发现，经常看书的人和很少看书的人真的不一样。

5. 与人交谈，用"我们"开头

职场不是角斗场，团队、企业、客户的共赢必定会比单打独斗创造出更大的价值。与人沟通时，养成用"我们"开头的习惯，发挥同理心；多用"请""谢谢"，你会发现与他人的沟通、合作会更愉快。

6. 对人友好，包括下属和陌生人

办公室里、走廊上遇到领导、同事、下属或者不认识的陌生人，请报以友好微笑，甚至还可以主动询问是否需要帮助。对方会感受到你的修养，更愿意与你一起共事，也会给部门或公司的品牌形象打出高分。

四、商务交往八不要，打造更融洽的人际关系

能够规避以下这八个不良举止，才称得上是一位专业素养高的职场人士。

（1）避免不当使用手机。不分场合使用手机，形象会大打折扣。想要给人呈现良好素养的印象，手机的使用需要合乎礼节。在第四章第三节商务通联礼仪中有详细分享手机的一些使用礼仪细节。

（2）避免不分场合吸烟。如果有吸烟习惯，请一定区分场合。在公共场合，如餐厅，即使是在吸烟区，建议也征求一下

同行人是否介意抽烟，有些人对烟味是很敏感的；封闭的空间中，如车厢、电梯间中一定不要吸烟。

（3）避免当众嚼口香糖。口香糖可以帮助人清新口气，但是不分场合地当众嚼口香糖则会被人认为是不文雅的行为。如果必须嚼口香糖保持口腔清新时，记得不要张嘴咀嚼，不要发出声音。嚼过的口香糖用纸巾包起来再丢进垃圾桶，便于清洁。

（4）避免当众挖鼻孔、掏耳朵。有些男士，把小拇指的指甲留得很长，建议不要这样做。想展现出更好的形象，建议不要当众做出挖鼻孔、掏耳朵这些不文雅的动作。早晚进行洁面的时候，这些行为可一并完成。

（5）避免当众挠头。当头部有点痒的时候，有些人会忍不住在公众场合就搔起头皮来，这是非常不雅观的。建议适时进行头发清洁，减少困扰。与人交流过程中，有的人也会不自觉地挠头，这个动作可能会向交往对象传递出不自信的信息。

（6）避免在公众场合抖腿。经常抖腿的人士容易给人不够稳重的印象。

（7）避免当众打哈欠。在与人沟通过程中，打哈欠会让人觉得你对他的话题并不感兴趣，甚至已经表现出不耐烦了，是不够尊重人的一种表现。建议想要打哈欠的时候，尽量控制一下；如果没办法控制，记得用手掩住嘴，并表示歉意，切忌发出任何声音。

（8）避免与人交流时频频看表。在会谈中，如果没有要事在身，建议尽量减少看表的次数。否则会让人觉得你急于脱身，说不定当即就会结束话题，不利于双方沟通。如果真的有事情需要处理，可以在交谈之前说明，并表达歉意。

第四节　C位不是谁想坐就能坐

位次是商务人士在商务交往中各自所处的位置次序，恰当的位次安排，展现的是对交往对象的友好和尊重；而精准找到属于自己的位置，也展现了职场人士的分寸感和职业素养。不同场景下的位次礼仪会有所不同。

一、会议礼仪座次学问多

在商务交往中，座次礼仪非常重要。组织会议或进行洽谈时，座次的安排会影响到议事的庄严性，也侧面反映了参会人员的地位和身份，关系到发言次序，甚至影响到参会人员的心情。

对商务人士个人来说，也需要格外注意座次礼仪，找准自己的位置不仅体现职业素养，也是对商务伙伴的尊重。

重要会议的座次安排，建议遵循以下座次原则。

1. 以右为尊

按照国际惯例，"以右为尊"是普遍适用的座次原则。但也有例外，比如在中国的政务会议中，大多是"以左为尊"。所以，布置会议安排座次时首先要看会议的性质，政务会议、国企内部的大型会议，一般仍然遵守"左为上"的原则；其他商务、社交、涉外活动通常遵循"以右为尊"的国际惯例。

2. 中间为尊

中间的位置为上，两边为下。这是因为位于中间的人讲话能让两边的人都更清楚地听到，也便于与两边的人进行交流。

3. 前排为尊

前排为上，后排为下。"前"表达的就是"领先"的意思，所以重要的参会人员建议安排在前排位置就座为佳，同时商务活动中，领导、贵宾在前排也方便他们上台发言，或与嘉宾互动。

4. 面门为尊

面门的位置比背对门的位置更加优越，能更好地观察到门口的情况，同时不易被打扰。

不同公司、不同级别的会议可能会议桌的形状会不一样，但座次仍是围绕以上座次原则安排的。比如长方形会议桌适用于内部会议或者双边谈判的现场，进行内部会议时，职务最高的人建议位于会议桌一端，面门而坐；而进行双边谈判时，双方可分别坐于桌子长边的两侧，各方职位最高者建议坐于己方居中的位置。椭圆形会议桌一般多用于内部会议，职位最高的人建议位于椭圆形会议桌面门的一端。U字形会议桌，职务高者建议于会议桌闭合的一端就座。圆形会议桌多用于回避座次概念的内部会议或者多边谈判，但最好将视野开阔或者面门的位置留给职位高者坐。

　　如果是设有主席台的会议，主席台座次排列是前排高于后排、中间高于两边、右边高于左边（国内政务性质的会议左边高于右边）。如果是官方或正式会见时，可以安排宾主并排而坐，客人坐在右侧。主客随行人员分别在两侧就座，宾主双方呈U字形。

　　了解座次礼仪是在重要场合得体安排座次或者自己有礼落座的前提，坐对位置才能亮出更好的自己！

二、三人行，你该走哪边

　　职场中，行走过程中讲究行走次序是对交往对象的尊重和友好表现，同事会觉得你彬彬有礼，领导会觉得你得体有度，客户会觉得你稳重谦和，会为你带来更加融洽的人际关系。

不同的场合行走的次序礼仪也会有所不同，但出发点都是以尊者为优先考虑对象。通常遵循以内、以中、以右、以前为尊的原则。下面就以部分行走场合来举例说明。

1. 常规行走

在国内，行走时建议靠右侧，人员来往会更加有秩序。如果是两人行走，建议尊者走在右边或者靠内侧位置；如果是三人同行，建议尊者走在中间；如果是多人同行时，建议让尊者走在前面，这种情况尤其不建议一字排开，会影响到其他人同行。

2. 引领陪同

如果客户、嘉宾不了解目的地路线，需要引导其前往时，建议引领者走在客户斜前方大约一臂的位置，既不会挡住客户视线，也方便关注客户与其交流。

3. 走廊行走

如果有两人以上在走廊行走，建议最好不要一字排开影响其他通行者，让尊者走在前面，靠右单行为宜。

4. 上下楼梯

上下楼梯时也建议靠右单行，将左边位置留给有急事的人快速通行。上楼梯时建议尊者在前，以示尊重；下楼梯时尊者可以后行，这是出于对尊者的安全考虑。

5. 出入电梯

如果是陪同客人或长辈乘梯，建议主动先按下电梯按钮，等待电梯门的打开，扶住电梯门等待尊者先进，然后晚辈再进入并按下楼层按钮。出电梯时，建议等尊者如客户、领导先出，下级或晚辈扶住电梯门。如果乘梯人员较多时晚辈也可先出电梯，在外扶电梯门，避免造成拥挤。

6. 狭窄走廊通行

如果在走廊等比较窄的地方遇到领导正在和别人谈话，这时建议先和领导打招呼，再从级别较低者身后过去，切忌从中间穿过，这样会比较失礼。

7. 出入房间

如果是外开门，建议拉开房门后，请尊者先进入；如果是内开门，建议推开房门后，身体可背靠房门，请尊者入内。

实际运用过程中，在遵循规范的基础上也需要结合实际情况活学活用。礼仪的核心是为了表达尊重，一切行为举止都是以此为前提，心中有敬意，行为才会更有分寸。

三、乘车时尊位随机而变

在乘车礼仪中，最重要的就是乘车的座次。恰当的座次安排，也是对交往对象的尊重和友好表现。

乘车座次的安排原则可总结为"四个为尊，三个为上"。"四个为尊"分别是客人为尊、领导为尊、长者为尊、女士为尊，他们建议坐在尊位；哪个座位才是尊位呢？建议遵循"三个为上"原则：方便为上、安全为上、尊重为上，方便上下车的位置、更加安全的位置、尊者喜欢的位置都是尊位。在实际运用中，建议以上面提到的原则为座次安排前提。另外不同的车型在上车顺序、座次安排上都有差别，需要灵活运用。

（一）谁先上车

如果是双排五座汽车，这个问题可能不会存在太多争议，下属可以先为领导打开后排车门，待领导坐定后自己再上车。

如果是乘坐七座的商务车，尊者建议坐在第二排座位，下属建议坐后排座位，这种情况如果领导先上车了就会引发尴尬，建议下属可以先上车坐到最后排，将方便舒适的位置留给尊者。

（二）上车坐哪里

具体坐哪里需要看开车的人是谁。乘坐双排五座小轿车时，若司机驾车，综合考虑方便和安全因素，后排右座为最尊贵的位置，其顺序依次为：后排右座、后排左座、后排中座、副驾驶座。若领导或主人驾车，副驾驶座为最尊贵的位置，其顺序依次为：副驾驶座、后排右座、后排左座、后排中座。

如果是乘坐三排七座商务车时，若司机驾车，中排左侧为最尊贵的位置，其顺序依次为：中排左座、中排右座、后排左座、后排右座、后排中座、副驾驶座；若领导或主人驾车，副驾驶座为最尊贵的位置，其顺序依次为：副驾驶座、中排左座、中排右座、后排左座、后排右座、后排中座。

如果是大中型客车，通常遵循由前而后、由右而左的原则。以驾驶位后第一排座位为尊，后排座位次之。每排座位又讲究右侧为尊，左侧次之。

当然，礼仪规范没有绝对，需根据不同场合不同情况灵活运用。如果领导或客人有自己比较喜欢的位置，比如很多晕车的人坐在副驾驶座可能会减轻晕车反应，这时尊重其选择即可，这就是尊重为上。

146

四、商务合影位次有讲究

在正式场合合影，也需要遵循合影的位次礼仪，合影的位次就是一个人身份、地位的体现。其他人即使不在现场，通过照片通常就能知道谁是"主角"。

合影时站位讲究前排为上、居中为上的原则，这些位置不仅在一张照片中最引人注目，同时拍照时人物也不容易变形，呈现出的效果会更好，也就是大家经常说的"C"位。通常建议将领导、长辈、德高望重的人安排在这一位置或者这一区域。

除了得体的位次外，拍照时人物的仪态、表情都是照片是否好看的决定性因素，拍照时建议身姿挺拔、仪态舒展，然后呈现出自己最自信、最好看的表情，这样拍出来的效果会更好一些。

在合影站位时，我们首先需要考虑自己的身份，站在哪里最得体。别看这只是一个小细节，却能展现出你的智慧、分寸感以及你是否是一位训练有素的专业人士。

【礼仪心语】

商务礼仪是职场人士的必修课。大部分职业人士都要通过与他人有效的合作来达成职业生涯目标，想要卓有成效，得体的职业形象、有效的沟通，良好的情绪管理和人际关系必不可少。

——贾惠

第四章
谈吐优雅，为沟通加分

哈佛大学前校长伊力特曾经阐述过这样的观点："在造就一个有修养的人的教育中，有一种训练必不可少，那就是优美、高雅的谈吐。"对于职场人士也是一样，在商务活动中，如果能够智慧、优雅地表达和沟通，相信沟通会更加高效，职场人际关系也会更加和谐。如何优雅、得体地沟通，是每位商务人士都需要掌握的技能。沟通得体者得天下！

　　我认为表达不仅在于我们怎么说，更关键的是内心怎么想。优雅的沟通者，需要具备真诚、同理心、换位思考的能力，以及一些沟通技巧。表达方式折射出我们内心是怎样品性的人，有怎样的认知和对他人的态度。沟通技巧不是伪饰，而是为了传递真诚、善意、热情和尊重，也是不断去强化我们内心的真善美。

　　本章将从声音的魅力、礼貌用语的使用、如何聆听和赞美、商务通联礼仪等方面与大家分享沟通的艺术，助力大家在职场更有效地去沟通和表达。

第一节　如何使声音更有魅力

语言是双方信息沟通的桥梁，是双方思想感情交流的渠道，而你的声音也是表达自己的重要方式，声调传递感情，语言表达力量，而措辞则会展现出一个人的水平。

如何使声音更有魅力呢？本节从语气语调、礼貌用语、敬语谦辞的使用三个方面与大家分享。

一、语气语调展现态度

把话说得好听其实不是一件容易的事情，需要说话的人在表达过程中时刻保持冷静和清醒，并能照顾对方的感受，选择最适合的用词和恰当的语调和对方沟通，需要自制、智慧，以及良好的情绪管理能力。

我有一位女性朋友，每次和她沟通，都感觉特别愉快，她的表达总是不疾不徐，用词恰当得体、情绪稳定，表达的内容又有自己的独到见地。经常是沟通刚结束我就期待，下次什么时候能够和她就某个话题再进行深入探讨。

的确，和谐融洽的交谈，能使沟通更顺畅，也能让交往对方印象深刻，显示出你独特的个性；恰当的表达能显示你的沉着、冷静，使对方支持你的观点。声音是带有感情色彩和温度的，能使你的话深入对方心里，更具有说服力。想让自己的声音更好听，可以从以下几个方面多下功夫。

1. 友善、亲切的语气语调

畅销书作家拿破仑·希尔（Napoleon Hill）说："说话的腔调往往比所说的话更容易表明你脑子在想什么。"语气语调是沟通双方态度的晴雨表，是准确传达讲话者思想感情的重要方式，以亲切自然为佳。带着微笑的声音会显得更有热情，富有感染力，同时语气语调也会更加柔和，所以，无论是面对面交流还是电话沟通，经常提醒自己嘴角上扬，让对方感觉到自己正在微笑，表达时语调抑扬顿挫，有轻重缓急，这样的表达更能吸引对方的注意力。

2. 音量适度

梁实秋说："一个人大声说话，是本能；小声说话，是文明。"我们看，在西餐厅、音乐厅、五星级酒店，越是安静，往往显得越是高雅。在这样的环境中，人们会自然地放低声音交谈。这不仅仅是一种礼貌，更是个人修养的一种表现，能控制音量的人，往往更加温文尔雅。

一位清华大学的教授说，当他住在清华教授的宿舍里时，几年听不到人和人之间高声说话或夫妻吵架的声音。而搬进了民房公寓后，他震惊地发现，每天都能听到有人在大声说话和歇斯底里般的争吵。这说明有修养的人士，即使急火攻心，也能够克制自己，懂得把声音压低，让语气平缓，避免给他人带来困扰和不便。

沟通时建议用对方能听见但不影响他人的音量为佳。这样就会有比较好的公共交流环境，在人际交往中也会给人留下舒服、得体的印象。

3. 语速适中

增强声音魅力的一个重要因素就是语速。语速太快容易造成对方听不清楚；语速太慢，对方如果是个急性子肯定也受不了。一般情况下，语速建议保持在 140~200 字 / 分钟比较合适。

同时表达时建议减少一些口头禅，比如"嗯""然后""啊"等，太过口头禅的语言不仅会使表达变得不连贯，有可能还会给他人留下你缺乏自信或者没有准备好的印象。

4. 发音清晰

清晰的发音可以更清楚地阐述讲话的内容，比如我是南方人，虽然在北方生活多年，但还是会有南方口音，所以在表达过程中我就会刻意提醒自己语速稍微慢一些，以保持发音的清晰。

5. 善用停顿

高效沟通者，在交流过程中，善于做适当的停顿。一方面自己可以整理思路，让对方也有消化的时间；另一方面还可以吸引对方的注意力，在这期间，你也可以关注对方的反应。另外停顿下来，对方才能借你停顿下来的机会向你提出问题，毕竟互动的沟通效果远胜过一个人滔滔不绝地灌输。

二、礼貌用语的魅力

礼貌用语是与他人沟通过程中尊重他人的一种表现，是建立友好关系的敲门砖，沟通过程中常用礼貌用语，会让沟通更顺畅。

无论是线上的沟通，还是面对面交流，每次沟通建议以"您好"开始，以"请问"发起问题，以"谢谢"结束。如果没有礼貌用语会显得粗暴、冷漠，语气再像命令、审问，则容易引起沟通的不快。比如："您好，李总！请问贵公司明年的培训规划目前制订出来了吗？不知道明年卓雅礼仪是否有机会为贵公司服务？谢谢您，期待您的答复。"假如去掉礼貌用语："李总，贵公司明年的培训规划制订出来了吗？看明年我们卓雅礼仪有没有机会为贵公司服务。谢谢你的支持！"听起来就显得生硬很多，相信交往对象的感受也会完全不一样，所以常用礼貌用语，再给语言加上更加柔和动听的语气，一定会为你的沟通加分。

日常沟通中有一些常见的礼貌用语，比如：

（1）请、您、谢谢、对不起、请原谅、没关系、不要紧、别客气、您好、再见。

（2）见面时可以说"早上好""下午好""晚上好""您好""很高兴认识您""请多指教""请多关照"等。

（3）在感谢他人时可以说"谢谢""劳驾了""让您费心了""实在过意不去""拜托了""麻烦您""感谢您的帮助"。

（4）分别时可以说"再见""欢迎再来""祝您一路顺风""一路平安"等。

（5）接受他人致谢或致歉时可以使用"别客气""不用谢""没关系""请不要放在心上"等。

俗话说"礼多人不怪"，谁会不喜欢有礼貌的人呢！

三、如何适时使用敬语和谦辞

中国文化博大精深，而且自古以来就是礼仪之邦，有很多非常优美动听的敬语、谦辞，我们在沟通中可以加以运用，这会让表达更加文雅，尤其是和尊者沟通，体现的是对对方的尊重，同时也是自己文化素养和个人修养的良好体现，会让说出的话更有魅力。

（一）常用敬语和使用方式

敬语通常适合在比较正式的场合，与尊者沟通或者与他人初次见面打交道时运用，能够展现说话者的风度和涵养。常用的敬语有：

（1）您、先生、女士、君、阁下、兄台、尊驾，都是对"你"的称呼。

（2）"令"：用在名词或形容词前表示对于对方亲属的尊敬，有"美好"的意思。如令尊、令堂（对方的父亲和母亲），令兄、令妹（对方的兄妹），令郎、令爱（对方的儿女）。

（3）"惠"：用于对方对待自己的行为动作。如：惠顾、惠临、惠存。

（4）"垂"：如很多品牌的说明书上会写：有疑问请致电垂询，指对方询问自己。

（5）"赐"：如"请赐教"，请他人指教自己。

（6）"高"：如"高见"，指他人的见解；高论，他人见解高明的言论；高寿，用于问老人的年纪；高就，指人的职位。

（二）常用谦辞和使用方式

中国人讲究谦逊，在沟通过程中表达谦虚更能赢得好感，用谦辞在表达谦虚的同时也能让对方感受到文雅有礼。

（1）"家"字一族：用于向他人称自己的辈分高或年纪大的亲戚。如，家父、家母，是称呼自己的父亲、母亲；家兄 / 家姐，是称呼哥哥／姐姐。

（2）"拙"字一族：如，拙著，谦称自己的文章；拙见，谦称自己的见解。

（3）"拜"字一族：用于人事往来。拜读，指阅读对方的文章；拜访，指访问对方；拜托，指委托对方办事情。

（4）"恭"字一族：表示恭敬地对待对方。恭贺，恭敬地祝贺；恭候，恭敬地等候；恭请，恭敬地邀请。

（5）"贵"字一族：称与对方有关的事物。如"贵庚"，询问年长者、尊者年龄时适用；"贵姓"用于询问他人的姓氏；"贵司"指对方所在的公司；"贵干"问人要做什么，请问有何贵干？

（6）"请"字一族：用于希望对方做某事。请问，用于请求对方回答问题；请坐，请对方坐下；请进，请对方进来。

（7）日常常用谦辞：

初次见面说"久仰"，很久不见称"久违"；

客人来到说"光临"，欢迎购物说"光顾"；

起身离开说"告辞"，中途离开说"失陪"；

请人勿送说"留步"，陪伴他人说"奉陪"；

请人解答用"请问"，请人指教说"赐教"；

对方来信说"惠书"，麻烦他人说"打扰"；

求人方便用"借光"，物归原主说"奉还"；

请人原谅称"包涵"，老人年岁称"高寿"。

会说话的人，就像冬日里的阳光，有光芒而不刺眼，有温度却不让人感到灼热，让人感到既温暖又舒服。

第二节　沟通得体者得人心

有人说:"你说话让人舒服的程度,能决定你所能抵达的高度。"会说话,善于沟通,能帮助我们更有效地与交往对象交流,增进双方的了解,在职场有更多胜出的机会,也更容易达成职业生涯目标。

成功的沟通应该是有效的、高效的,并且富有建设性的,能够促进双方关系的。如果一个人不善于沟通,就算能力很强,也有可能错失机会。本节内容将会从聆听、赞美、如何优雅地说"不",以及沟通中的禁忌几个方面来和大家分享在商务交往中,与他人更愉悦、高效沟通的礼仪和技巧。

一、聆听的艺术

戴尔·卡耐基说过这样一句话:"如果希望成为一个善于说话的人,那就先做一个善于倾听的人。"有时懂得聆听比会表达更重要。有效聆听是实现有效沟通必不可少的一个环节,只有听懂对方,才能获取其中的有效信息,创造愉悦的沟通氛围,达到沟通的目的。

聆听并不表示一味沉默，它并不是一个被动行为。在对方表达的过程中，一位好的聆听者会通过适当的方式与对方互动，给予反馈，激发表达者的积极性和表达欲望。如何做到有效聆听呢？

1. 专注

这是对表达者最大的尊重，在对方表达时，不东张西望、敷衍了事，全身心专注于对方的表达，做到"耳到、眼到、心到"，对方感受到你的专注和用心，也会更有表达的欲望。

2. 眼神交流

眼神会表达感情，哪怕不说话，对方也能从你的眼神中感受到"温度、情绪"。当他人在表达时，建议和表达对象适时地进行眼神交流。

当然，一直看着对方可能也会令人有些不自在，在其表达的过程中可以时不时看看资料，做做记录，一切行为都要展现出你在认真听。

3. 回应

聆听时，面部表情是一种回应，可以根据谈话者表达的内容而适时变化，对方会感受到你的情感共鸣。聆听者也可以用点头和表示赞同的语言给予积极反馈，比如"是的""我很赞同""您说得很对"等；也可以在对方话题输出的一定节点上总结对方观点，让对方更有表达下去的欲望。适时地提问也是一种回应，提问能展现你的认真态度和对话题的兴趣，从而激发对方的表达欲望。

4. 肢体语言

作家珍妮·戴沃（Janine Driver）在她的《你说的比你想的多》一书中写道："我们身体的朝向反映出我们的态度，暴露出我们的情绪状态。我们突然把身体转向门、出口或是转离某人，潜意识会传递出不想继续交谈，甚至不想再与对方有互动的信号。"所以如果我们对对方的话题很感兴趣，身体可以微微向对方倾斜，身体朝向对方，这是表达关注的一种方式。

5. 不打断对方说话

弗·培根曾说过："乱插话者，甚至比发言冗长者更令人生厌。打断别人说话是一种最无礼的行为。"每个人都会情不自禁地想表达自己的愿望，但如果不分场合和时机地随意打断别人说话或抢接别人的话头，实在很不礼貌，同时也会打乱对方的表达思路，对方要讲些什么反而都忘了，容易引起对方的不快。

如果实在有必要发言，这时可以在对方停顿的空隙说："不好意思，我打断一下……"或者"对不起，我想补充一点……"

倾听具有一种神奇的力量，它让人感觉自己被重视、被尊重，这对说话者无疑也是最好的赞美。

二、如何高情商地赞美

人类行为学家约翰·杜威曾说："人类本质里最深远的驱动力就是希望具有重要性，希望被赞美。"懂得赞美他人，是高情商的表现，而给予了他人赞美，通常也会收获同样的回音，所以说赞美就像润滑剂，有利于建立起良好的人际关系。

每个人都渴望被赞美，但同样的赞美听多了，可能听者就不会再有触动，把真诚赞美和客套混为一谈，就显示不出真诚。比如夸一个人长得好看，仅仅只是说"您好美""您真漂亮"，这样的话对一位美女来说可能已经听过无数遍，内心已然不会再起多少波澜，赞美效果自然大打折扣。如果赞美得别具一格会更入人心，比如夸品位、夸气质、夸审美。

所以说，高质量的、有效的赞美需要掌握一定的赞美艺术和说话之道，才能把话说到对方的心坎上，也体现了说话者的水平和情商。

（一）赞美的艺术

1. 赞美要真诚

这是有效赞美的前提，赞美他人真实存在的优点，而不仅仅只是泛泛地、敷衍地赞美。太过夸张或者不切实际的赞美会给人留下溜须拍马的印象，反而给自己的形象减分。

2. 赞美要具体

夸赞他人的点越具体越好，这样会显得更真诚、更用心。说一百遍"您真漂亮"，不如说一句"您今天的衣服搭配得很好看、很优雅"。

3. 赞美他人的变化

心理学家有一个洞察，人的一辈子到底追求的是什么呢？总结下来就是一句话："每个人毕生都在追求的是被看见。"赞美对方就是在告诉对方，我发现你的优点了，我看到你的独特之处了。特别是当一个人为一件事情付出努力之后，肯定希望得到他人的肯定，比如一位正在减重的女士，最想听到的话肯定是"您最近瘦了"。

4. 和自己作对比

如果把自己作为参照物，会显得格外真诚。比如告诉对方，他帮你挑选的东西比上次你自己买得要好，对方一定会感到莫大的鼓舞，增加对你的好感。如果对方提出了一个很好的想法，你可以说"原来还可以这样，我怎么没想到呢"，不动声色就肯定了对方。

5. 赞美他人鲜为人知的优点，赞美他人期待被夸奖的部分

有美貌的人可能更希望他人夸他有内涵；企业家可能更希望他人夸他不仅事业有成，还有人文情怀；而才女可能希望你夸她漂亮。所以赞美时建议赞美其行为，而不是天赋。比如一位身材很好的女士，如果只是夸"您真瘦"，就显得诚意不足，内容空洞，如果你夸她"您身材保持得真好，一看平时肯定特别自律"，相信听了这句话，对方会舒服很多，可能还会觉得你很懂她。

6. 用调侃自己的方式去赞美他人

比如你想夸一个人身材特别好，你可以说"您这大长腿、小蛮腰显得我腿更短、腰更粗，真是讨厌"，这也是与自己对比的一种方式，会带些幽默在其中，能使谈话氛围更加轻松，也能快速拉近彼此间的距离。

7. 背后夸赞效果好

背后颂扬他人的优点，比当面恭维更为有效。把对他人的赞许在与朋友闲聊时提几句，这些话通过朋友传到对方耳朵里，他一定会比自己亲耳听到还高兴。

8. 赞美孩子

如果对方带着小孩，可以通过赞美小孩来赢得客户的好感。

9. 赞美要适度

好听的话要在合适的时机讲，才能有事半功倍的效果。如果一直赞美，好听的话可能也会带上吹捧的味道，反而过犹不及，所以赞美也不是越多越好。

（二）接受他人的赞美

中国人从小接受的教育更多的是面对夸赞要谦虚，因为圣人云"谦虚使人进步"。适当谦虚是好事，但是过度谦虚就会显得不自信了。在这个年轻人更加开放自由张扬个性的时代，面对赞美你不妨大方接受，可以说"谢谢，您过奖了"来表达自信又谦和的态度。

同时也给予对方赞美，比如当一个人夸奖你"今天穿得真好看"时，你可以说"谢谢，您今天这双鞋子搭配得也很好，精致又优雅"，这种方式是否更高明呢？

梭罗有言："赞美，是世界上最动听的语言"，如同赠人玫瑰，手有余香。真诚赞美他人，能让交往对象感到心情愉悦，也能展现出自己的气度、情商和智慧。

三、如何优雅地说"不"

太宰治在《人间失格》一书里说："我的不幸，恰恰在于我缺乏拒绝的能力。我害怕一旦拒绝别人，便会在彼此心里留下永远无法愈合的裂痕。"这可能是很多不懂拒绝的人拥有的共同烦恼，不懂拒绝，经常会令人陷入为难的境地，彼此消耗掉大量的时间和精力。

尤其在职场，如何在有限的精力下做更有效、更有意义的事情显得尤为重要。在人际交往中，帮助他人是应该的，但也要量力而行。如果遇到做不到的事情，与其答应了又做不好，不如一开始就拒绝。

当然，直截了当地说"不"会令寻求帮助的人感到失望和尴尬，所以如何委婉拒绝，既让对方更容易接受，同时又不影响双方关系，是一门值得学习的艺术。

1. 用其他事进行拒绝

比如当同事请你协助他完成某个工作时，你可以说"我也很想帮您，但是我这里还有另外一个报告要做，需要赶在明天之前提交"，对方看到你的工作也很紧急，自然不会继续再要求你了。

2. 自言自语

当你不好意思拒绝某人做某事的时候，可以找好时机在向你求助的人面前不经意地说出你的为难之处。

3. 缓兵之计

如果无法确定是否能做到的事情，不要轻易承诺。如果对方很着急，或许他可以寻求到可以快速帮助他的人。

4. 先感谢，再拒绝

直截了当地回绝可能会令对方尴尬，这时不妨先感谢对方，表达自己的态度，比如："谢谢您能第一时间想到我，我很乐意前往，但是明天的时间我已经提前安排好了行程。"这样的拒绝不会生硬，相信对方也更容易接受。

5. 提出解决方案

当你发现自己根本不可能帮上什么忙时，但又很希望帮助对方，如果正好你认识的某个人更适合解决这个难题，那你可以将这个人推荐给求助者，这个办法在工作中非常适用。

6. 表达诚恳的态度

假如你知道自己可能没能力帮上忙时，可以直接说明，"我宁愿现在拒绝也不希望以后让您失望"，对方会欣赏你的坦诚。

拒绝他人听上去可能不近人情，但其实是对彼此的一种尊重。明确但委婉地说"不"，比模糊地应承更真诚。你的干脆，往往能让人看到你的原则和底线，也是分寸感和高情商的体现。

四、商务交往五不谈，让沟通更愉悦

虽然说与人沟通时提倡真诚相待，但是也并不是所有的话题都适合交流，不恰当的话题可能会引起对方的不适，严重的甚至会让谈话无法继续进行。

下面的沟通禁忌是在交流中需要规避的。

1. 个人隐私

收入、年龄、私生活、健康、婚姻状况都属于个人隐私范畴，比如询问他人是否结婚，是否有孩子等，一不小心就会触及他人痛处，不要因为好奇或者想拉近关系而越界。另外也不要打着关心的旗号而探询他人的私生活或者刨根问底，比如他人有某方面的疾病或缺陷，那就不要再询问他人是如何造成的或者如何治疗的，关心是好事，但是刨根问底可能会令对方尴尬。

2. 恶意诋毁

在沟通过程中，如果有竞争，不要恶意诋毁，否则不仅对自身和公司没有益处，可能还会给对方留下心胸狭窄的嫌疑。比如，销售某产品时，客户可能会与竞品做比较，如果你不当地攻击竞品，某种角度是在否定客户的审美和品位，同时也显得自己不够大度和自信，建议多强调自己品牌的优势和独特卖点，才会赢得客户的好感。

3. 非议他人

不在背后议论领导、同事的不是，这些行为会影响他人的形象甚至信誉，还会显得自己不够大气。

4. 庸俗话题

商务人士在与人交往的过程中，不仅是个人修养和魅力的展现，同时也代表着企业和品牌形象。如果谈论一些庸俗话题，比如小道消息、不雅话题等，不仅会让自己的形象打折扣，让人贻笑大方，可能也会让交往对象对企业人员的素质产生怀疑。

5. 宗教信仰或政治见解

　　虽说公民有表达的自由，但是也需要区分场合。职场沟通，避免因为这些问题而产生不同意见甚至分歧令谈话不快。

　　与人沟通，从真诚的角度出发，把握分寸、调整火候、注意方法，才能成为行为处事得体的人。

第三节　商务通联礼仪

如今，多种多样的通信工具和渠道层出不穷，比如电话、微信、邮件等都是商务人士沟通时必不可少的工具。如何运用这些沟通工具，塑造专业形象，从而更有效、愉快地沟通，促进业务发展呢？

一、掌握电话礼仪，做更受欢迎的职场人

虽然电话是不见面的沟通方式，但对方依然可以听出不同的表情和心情，通过电话对方会为通话者所在的单位、为通话者本人绘制一个可能会给人留下深刻印象的"电话形象"。通话时的语音、语调、语速、内容，以及表达的条理性等能够真实地体现出一个人的职业素养甚至工作能力，是否是训练有素的职业人士，进而对方可以判断出值不值得投入更多的时间继续接触，从而影响后续合作。

（一）拨打电话礼仪

1. 时间适宜

在适宜的时间拨打电话，不仅更利于沟通目标的达成，也

会给对方留下更好的电话印象。通常，打电话的最佳时间，一是双方约定的时间，二是对方方便的时间。公务电话最好在上班时间拨打，即早上9点后，下午5点前，尽量避开对方的私人时间和用餐休息时间。打私人电话，如果不是特别紧急的事情，通常不要在早上8点前、晚上9点后给对方打电话，也尽量避开用餐、午休的时间。

即使是这样，电话拨通后，也最好问一下对方是否方便接听电话。如果得知对方正在开车，建议立刻中断通话，告诉对方"注意安全，迟些在您方便的时间再联系"，否则对方无法专心开车，双方谈话的质量既不好，也容易造成安全隐患。

2. 做好准备

在打电话前，需考虑清楚自己打电话的目的，准备好相关资料。电话旁建议也随时备好记录工具，有重要信息，能在第一时间记录，避免对方等待。

3. 注意仪态

打电话时也需要注意仪态举止，停止一切不必要的动作，专心与对方沟通。躺着、靠着等懒洋洋的姿势，是会通过语气传递给对方的。最好使用左手持电话，右手方便记录。

另外建议避免边打电话边咀嚼食物，打电话时面带微笑，对方会在通话中感受到你的热情和阳光。

4. "您好"开场

电话接通，先问候对方，如"李经理，您好"，如果是第一次通话，可以说："您好，请问是李经理吗？"

5. 慎用免提

在公众场合，尽量不使用免提通话，这也是对谈话内容的保护，同时也避免打扰到他人。

（二）接听电话礼仪

1. 及时接听

电话铃响起，最好三声之内接起电话，既给了对方准备时间，也不至于让对方等得不耐烦。

如果手头正有紧急事情要处理，可以接起电话后第一时间向对方说明，并约定下次通话的时间。

2. 礼貌应答

接听电话，第一时间问候"您好"，再自报家门，如："您好，这里是卓雅礼仪，请问有什么可以帮您的吗？"接听电话的语调、语速、措辞等都很重要，保证对方能听清楚。

如果不知道对方是谁，可以询问："请问怎么称呼您？"了解称谓后，在后面的沟通中可以以得体的称谓称呼对方，对方会感受到更受重视。

3. 代接电话

如果同事有来电但是本人却不在工位，这时可以代为接听，无人接听的状态会令客户感觉很不好，甚至会怀疑公司的专业性和实力。

代接电话时，建议主动告知对方："不好意思，小王他暂时不在，我是他的同事，请问有什么事情需要我转告吗？"并记录下相关信息，第一时间告知同事。

如果同事只是暂时离开办公桌，建议不要大声呼喊对方，可以礼貌地对客户说："您请稍等，小王去茶水间了，我帮您叫他。"

4.礼貌挂断

要结束电话交谈时，让尊者先挂断会更有礼貌，或由打电话的一方提出，然后彼此客气地道别，说一声"再见"，等对方先挂断电话后你再轻轻挂断。

一个人在打电话时暴露出的问题，可能就是这个人素养的底色。打电话时注意礼貌分寸，能赢得对方的好感，促进双方更有效地沟通，从而助力商务活动更顺利地开展。

二、邮件怎样写更能体现专业性

此前我在企业从事培训管理工作时，经常需邀请全世界各地的行业专家、国际知名咨询公司合伙人，甚至是国家部委领导来企业分享前沿观点、展望未来趋势等。经常需要通过发邮件阐明具体事由。因为对象特殊，发邮件之前，早期领导都先强调："小贾，写好了先发给我看看。"见我稍有长进后则强调发的邮件要抄送给他，后来领导只下达工作任务，其他事务都放心地交给我处理了。至此，我终于跌跌撞撞地在职场中成长起来了。

在卓雅礼仪内部，同事给客户发非常重要的邮件，我会先审核一遍，确保万无一失才最终发送给客户。商务邮件写得好不好、规不规范，不仅是职场人士专业水平和职业素养的重要体现，也是一个企业、一个品牌的"代言"书。

在大型企业工作过的人应该都深有体会，每天收发几十封邮件是常有的事。收到的邮件有些条理清晰、逻辑分明、言之有物、有礼有节，一看就是训练有素的正规军，对这种邮件收件方也不敢怠慢。而有些邮件从格式到内容显得稚嫩，表达也不够清晰，可能收件方就不会给予足够的重视，也就达不到有效沟通的目的。

虽然现在沟通渠道众多，但职场中重要的业务沟通，很多企业还是会选择通过电子邮件来传递，尤其是刚开始接触的客户，这会让客户感觉到发件方的专业性，一封专业的商务邮件，也有其需要注意的礼仪。

1. 主题明确

如果每天都要收发数十封邮件，相信那些有同样经历的职场人士都能理解这是什么心情。收到的邮件实在太多，通常会先通过看标题来决定是否先阅读。连标题都没有的邮件通常会被认为不具备阅读价值，可能直接当成垃圾邮件处理了。

所以如果是给领导或给重要客户发邮件，要更加注意主题的明确性。大公司的领导每天日理万机，请尊重他们的时间，同时也留给对方好印象。

外企职员发邮件通常有在开头标注 FYI（For Your Information）和 FYA（For You Action）的习惯，可以让那些日理万机的领导区分邮件是知会还是需要马上处理。

因此我们给领导和重要客户写邮件，一定要在邮件题目里说明邮件的主旨（到底是知会、请示，还是期望得到协助和解决）。

2. 称呼问候得体

商务邮件的称呼建议用职务性称呼，比如董事长、总经理、部长、总监、经理、秘书等更为稳妥。如果没有职务，对方又比你年长，也比你先进公司，称呼其老师也是表达尊重的一种方式，这些细节体现出专业人士的职业素养。

3. 正文简明扼要

商务邮件不是写抒情散文，一定要注意行文通顺、表达清晰，简明扼要。尊重他人的时间也能赢得他人的尊重。复杂的事情如能简单清晰地表达，也可以看出一位职场人士的沟通能力，间接展示其干练、工作思路清晰的形象。

如邮件的内容较多，建议分段说明。我个人喜欢用项目符号来罗列，清晰明了。如给领导或客户发邮件，多件事情需要请示和沟通，可以这样写：以下事项需要请您定夺，用序号将各项目罗列清楚。

有些人发来的电子邮件极度简明扼要，简单到就只有一个附件，正文一个字没有，也没有署名，除非事前已经沟通好邮件内容，否则这样的邮件会给人留下随意、怠慢、不够严谨的印象，自然也影响后面的沟通或合作。

4. 再次确认

邮件发送后，建议及时给对方打个电话或是发条短信，因对方不一定时时在电脑前第一时间查收邮件，所以提醒对方注意查收也是必不可少的。

我有位朋友是某跨国汽车公司的法务总监，一次休假去国外旅游，其下属接到法国那边的合作伙伴向他要一份文件，按照他们公司规定，发重要文件是要走相关流程的，须经过上司批准才可以发。

该下属先给其上司也就是我这位朋友发了封邮件，但朋友在国外旅游自然不会时时查收邮件，况且又面临时差问题。其下属不见回音，直接把保密资料发送给了国外的合作伙伴，给公司带来了无形的风险和损失。朋友回公司后责问下属："为何不等回音就私自把中方的保密文件发出去？"其下属委屈地表示

"您没有回音"。后又多次发生类似失职事情，最后的结果是这位下属被劝退。所以重要邮件发送出去后一定要电话确认对方是否收到。

天下大事必成于细，天下难事必成于毅，一封符合规范的邮件彰显出职场人士的专业和职业素养，更容易赢得对方的信任，进行更有效的沟通。

三、不要让人脉都在微信上聊没了

微信如今已经成为横跨多个年龄层的通信工具，也成了个人身份辨识度很高的沟通软件。因其通用和方便，也被广泛用于职场中，成为上级布置任务、团队合作、洽谈沟通以及结识客户的平台，使用得当会起到事半功倍的效果。

可是微信在给我们带来众多便利的同时也给我们平添了不少"麻烦"，如果使用不当，也可能让交往对象对我们的好感度大打折扣。微信礼仪有哪些讲究呢？

1. 面对面添加微信，晚辈添加长辈

很多学员问过我这个问题："面对面添加他人微信的时候，到底谁扫谁的二维码比较符合礼节？"这是很多人都会忽视的一个细节。建议处理的原则以方便尊者为宜。

如果要添加尊者微信，建议由晚辈、下级扫描尊者的二维码，发送添加好友的申请更得体。在申请添加好友时，附上备注和称呼会更有礼貌。如果是客户，建议大家酌情处理。

2. 头像选择需要展现专业性

微信头像是工作、生活、心态甚至审美、爱好的缩影。因为大多数人还是喜欢和积极向上的人做朋友，客户也喜欢和专业的人士打交道，所以微信头像的选择也是一门学问。通常来说，有魅力的头像通过率会更高！

3. 添加好友，主动问候

你的微信中有添加了很长时间，却一句话都没聊过的人吗？有的朋友在主动添加好友时，既没有备注，也没有介绍，时间一长，可能他自己也忘了为什么要添加这个好友了。

在主动添加好友时，建议备注上简单介绍及添加理由，会提高通过的概率。在对方通过申请后，第一时间问候，简单介绍下自己，会给人留下更好的第一印象！

4. 发消息直接说正事

给人发消息时，信息最好表达完整、清晰，尽量一次性把事情说清楚，不要一遍遍问"在吗"却不说正事。信息的表达富有逻辑性和条理性，会给人留下更加专业的印象。

同时，避免消息轰炸，这样做很低效同时也会给对方造成困扰。

5. 不要随便发语音

尤其很忙或者开会时，收到长语音，信息接收者可能不会第一时间点开听。如果还是好多条语音一起发，真的很令人困扰，因为太影响效率了，有时不方便听，可能后来就忘记回复了。

如果没有特殊情况，建议最好别轻易发语音消息，打字的过程本身也是一个整理思路、优化表达的过程，是最高效的方式。但以下几种特殊情况可以除外：

· 领导、上司或者父母等尊者可以给下属、晚辈发语音；

· 非常着急的事情，没时间打字（但其实这种情况打电话更好）；

· 朋友之间的闲聊，双方都比较空闲时；

· 特殊情况，比如在开车，不方便打字。

6. 邀请人进群先征得对方同意

如果想邀请某人进群，建议先征得对方同意。如果人数不多，比如工作群，群主最好介绍一下群成员，介绍的顺序是把晚辈介绍给长辈，把下级介绍给上级，把男士介绍给女士。这些细节会让群成员的感受好很多，也有助于工作的顺利开展。

7.逢年过节，不群发祝福

对于职场人士来说，逢年过节是和重要客户、商务伙伴联络感情、增进关系的重要时机，本来收到祝福是一件好事，但随着微信的普及，很多人收到的祝福往往是千篇一律一键转发的消息，缺乏真情实感，让节日祝福变得程式化。收到祝福的人反而会觉得敷衍，起不到经营人脉的作用。

要想达到较好的沟通效果，一种方式是通过打电话真诚地送上祝福，会让对方印象更加深刻；如果是微信或短信祝福，一定要称呼得体，祝福用心，最后署上自己的名字。

职场微信之所以普及，是因为微信可以实现沟通的快捷和便利，但也需要注意微信沟通也可以折射出你是否具有积极、严谨的工作态度，是否是训练有素的专业人士。可谓细节决定成败！

第五章
办公室礼仪提升个人竞争力

除了少数伟大的艺术家、科学家和运动员外，很少有人是靠自己单枪匹马取得成功的。无论是组织成员还是个体职业者，多数人都要通过与他人有效的合作来达成职业生涯目标，要想卓有成效，除了专业能力，有效的沟通、良好的职业化形象和人际关系必不可少。对于职场人士，为更好地沟通和协作，掌握办公室礼仪必不可少。

第一节　和同事交往把握分寸感

据相关统计资料显示：在一个人获得成功的因素中，85%的因素取决于人际关系，而知识、技术、经验等因素仅占15%，由此可见人际关系的重要性。职场中，和同事的相处时间占据了大多数，而办公室的人际关系会影响到工作的方方面面，包括同事之间的协作、项目的高效开展、工作心情等，所以与同事建立良好的关系至关重要。

俗话说"有人的地方就有江湖"。和同事相处尤其需要把握分寸，既要关系融洽，又要避免越界行为。与同事交往建议遵循以下相处礼仪。

1. 热情问候

每天到公司，对所见的同事热情问候："早上好！"相信同事回报你的一定是微笑和友好问候。正如孟德斯鸠所说："礼貌使有礼貌的人喜悦，也使那些受人以礼貌相待的人们喜悦"，有谁会拒绝一个热情、友善的同事呢！

假如一个人对待朝夕相处的同事都是淡漠以对，怎么相信他可以热情真诚地对待客户呢？

2. 称呼

在工作空间称呼同事其职位或姓名更得体，建议不要称呼同事绰号，维护更加专业、有工作氛围的职场环境。

3. 协同、互助

团队协作是建立积极工作氛围和同事关系的核心，分工明确、各司其职同时又相互协作，可以更高效、高质量地完成工作任务，达到业务目标。

4. 同事不在，主动帮忙接电话、带话

如果电话响了该同事不在，这时在工位的同事可以及时帮忙接听电话并且向对方解释原因，留下必要信息，待同事回来后及时告知。

5. 打电话时控制音量

在办公室接听或者拨打电话时，建议控制自己的说话音量，声音不宜过大。这样既让电话交流的对象舒服，也不会影响到其他同事工作。

6. 切忌交浅言深

办公室的人际关系比较特殊，同事虽是每天朝夕相处、相互协作的战友，但也需要保持适当的距离，不要试图打探他人的私事，毕竟办公室不是互诉衷肠的场所。

7. 不要好为人师

平级之间相处讲究平等和尊重，避免常用自己的观点居高临下地去指导同事做事，时间久了难免引人不满。

当然，每个人都有自己的专业储备和想法，有更好的方案或者不同的见解可以及时提出，但最好采用比较委婉、柔和的商议方式，比如："您的这个观点也很有道理，但是……，我建议这样做您觉得如何……"以共同探讨的方式沟通相信对方更容易接受。

8. 不背后议论他人

不在背后议论他人，不在工作时间聊闲天，既是对他人的尊重，也能提升自己的工作效率。

专业的精英人士形象就是从这些细节处一点一滴建立起来的，和同事友好相处，不仅可以创造更愉悦的工作氛围，还可以在相互协同中让工作更高效推进，有助于自己的职业生涯发展。

第二节　向领导汇报工作如何高效不失敬

领导喜欢什么样的员工？毋庸置疑，执行力强、工作能力出众，待人接物有礼有节的人势必是最受领导青睐的。比较常见和领导相处的场景是请示和汇报工作的时候，本节重点与大家分享这一场景中的礼仪细节。

汇报工作，是为了让领导了解当前工作进展和后续工作思路，或者寻求领导的支持、决策以及帮助。同时也通过请示汇报工作让领导看到你的能力，赢得更多的信任和支持。有了信任，就能获取更多的资源和机会，职业生涯也会有更大的发展空间。汇报工作时的表现会直接影响领导对你工作能力的判断。在汇报过程中建议留意以下细节。

1. 主动汇报

定时主动汇报工作能够让领导及时了解工作进展，做个凡事有交代，件件有着落，事事有回音的靠谱职场人士。所以不要等到领导发问了再汇报，而是主动反馈，保持工作中的主动性和积极性。

2. 整理书面报告

汇报之前，整理好个人工作的书面报告。报告内容包括近段时间的工作成果、工作进展、相关问题与建议等。先说结果，再说过程，最后说明接下来的举措和需要的支持。言简意赅，逻辑清晰，高质高效。

3. 注意仪容仪表

进入领导办公室前建议先检查一下自己的发型、妆容、着装，保持良好的仪容仪态。尤其是见高层领导，更要展现自己的专业形象。

4. 把握好时间

提前和领导预约时间并准时到达汇报地点。如果没有提前预约，建议避开领导休息和领导工作特别忙碌的时间，汇报效果会更好。

当然，紧急的事项需要当即向领导电话汇报，在电话接听的第一时间向领导说明原因，比如"王总，这件事情比较紧急，两点前需要给对方明确答复，您看这样处理是否可以……"

5. 举止得体

先敲门，待领导同意后再进入办公室。汇报工作时仪态端庄，精神饱满。同时需要注意汇报距离（在第三章"商务交往礼仪"第三节中的"商务距离体现边界感"内容里有分享不同场景和交往对象的适宜距离）。建议站在领导对面汇报。如果有必要到同一侧一起看资料，也需要间隔一定距离，不要东张西望。

如果领导接电话建议先回避，并随手关门，等通话结束后再继续汇报。

6. 思路清晰、表达富有逻辑

汇报工作时的思路要逻辑清晰、言之有物、表达有条理，主题、要点明确，反馈领导最重视的核心内容，表达过程中尽量减少说"这个""嗯""啊"等口头禅，语言干净利落，这点在汇报过程中是最重要的，体现的是专业能力。只有解决问题、创造价值才是对自己职业和企业的最大尊重，也是上司最看重的。

7. 汇报完毕，礼貌离开

汇报完毕后，礼貌向领导道别："我的汇报就这些，如果您没有其他指示，我就先出去了。"离开时随手轻轻关上门。

良好的职业生涯发展从赢得上司信任，建立专业、可靠、执行力强的形象开始！

第三节　办公室着装有讲究

人在职场，个人形象是亮给他人的第一张名片，着装得体职业化，能够建立起专业、可靠、值得信赖的形象。办公场合，需要和同事协作、跨部门沟通，甚至接待客户来访，良好的职业形象更能赢得信赖和尊重。

1. 着装亲和但不随意

建议办公室着装不要太过随意，万一突然有客户来拜访呢，或者需要马上和客户谈个项目，所以，还是职业点更稳妥。另外好的职业形象可以暗示自己是在上班，帮助自己尽快转换角色进入工作状态，工作效率也能随之提升。所以牛仔裤、运动鞋、套头的Ｔ恤等休闲服装不建议出现在办公场合。

2. 着装要干练

女士着装中，剪裁精良松紧适度的铅笔裙、干练又不缺时尚感的九分裤、质地精良裤线分明的长裤、面料考究简约大方的衬衫都是办公场合职业形象塑造非常好的经典单品。对于男士，干净、整洁的衬衫，单件的西装外套，有品质的皮鞋就足以彰显良好品位。值得入手的职场经典单品还有很多，读者可翻阅本书第二章"职场女士和男士衣橱必备的经典单品"中的相关内容。

3. 着装禁忌

建议职场人士在办公场合不要选择太薄、太露、太紧的服饰，不仅形象不够职业化，甚至可能令人怀疑其工作能力。传统行业的人士更是要杜绝短裤、拖鞋、小可爱这类休闲单品出现在办公场合，以免给人留下随意、不够稳重的印象。

另外职场上不建议穿品牌标识很明显的服装，职场着装以整洁、严谨、便于工作为主。这样的着装更让人欣赏，也更见品位。

着装就是在表达自己，折射你的职业属性，最重要的是还会在无形中体现出你的职业素养。在职场，得体永远比漂亮更重要!

第四节　管理好办公桌形象

古人云"一屋不扫，何以扫天下"。这句话放在个人办公区域管理上也非常适用。在第一章，我分享过一个故事：我的前任上司汽车界赫赫有名的赵福全博士说过这么一句话：你连自己办公桌都管理不了，我怎么相信你能管理一个团队，我怎么相信你能有清晰的工作思路。

办公桌是私人空间，也是一个人形象输出的一部分。如果一个人的办公桌物品摆放井然有序，桌面一尘不染，资料分类明晰，这样的人做事大概率会比较有条理，也会更有逻辑、更高效，大抵也是生活比较讲究、热爱生活的。如果一个人的办公桌乱糟糟的，想找一份资料得翻箱倒柜，这样的人遇到事情可能也会手忙脚乱，处理事情丢三落四。对比之下，相信领导更愿意将重要的事情交给前者，因为他看起来更自律、更可靠、更细心。如何打造更好的个人工作空间呢？

1. 每天整理

建议职场人士每天下班时及时整理桌面，资料归类，便于查找，需要清除的物品及时清理，非办公用品不外露。上班时可提前 10 分钟到达工位，擦拭桌面灰尘，整理工作思路，为上班做准备。

2. 座椅归位

离开座位时将座椅推回办公桌下面，不但显得更加整洁，而且可以减少不必要的磕碰，方便自己也方便他人。

3. 私人物品不要过多

办公桌上建议摆放工作需要的物品，台面上的私人物品越少越好。否则不仅显得凌乱，还会给人工作不够上心的印象。

卓越不是某一时的行为，而是长期坚持并养成的习惯，整理好个人办公空间，才能以更饱满的热情更好地完成工作。

第五节　办公室需规避的行为和动作

对于职场人士而言，办公室是主要的工作场所，在这里我们展开团队协作，与同事领导沟通、接待客户等。办公室规避不雅动作和一些不得体的行为，既可以塑造更好的职场人士形象，显得更加职业、稳重，赢得同事、领导的信赖，有利于自己的职业生涯发展，同时也会提升工作效率，保证高质高效完成工作。

建议职场人士在办公室规避以下行为和动作。

1. 听音乐、吃零食

如果想听音乐放松，可以选择午休时间；如果饿了，可以前往专门的休息区或者茶水间食用食物。在办公室听音乐、吃零食会让自己的注意力不够集中，影响自己的专业形象。另外食物还会有味道，让人来人往的办公室空气变得不清新。

2. 化妆

化妆、补妆都是比较私密的行为，不建议在公共场合进行，到洗手间补妆更加得体。

3. 闲聊

有人说职场是八卦诞生地，喜欢工作时间闲聊的员工常常会给人留下八卦、多嘴的印象，影响职业形象。休息时间同事们可以尽情聊天，但是工作时间建议只谈工作，良好的办公氛围可以使办公效率得到提高，让人更加专心和专业。

4. 长时间打私人电话

长时间打私人电话不仅影响工作效率，还有可能会错过重要客户的电话，建议上班时间尽量减少处理私人事务。

5. 脱鞋

脱鞋的行为会让自己的状态过于放松，而导致工作效率降低，还会令自己的办公室形象大打折扣，显得随意和散漫。

6. 抖腿

一坐下就抖腿会显得不够沉稳，幅度大甚至可能影响其他同事，建议尽量避免。

7. 大声喧哗

说话声用交往对象能听见的音量即可，大声喧哗让办公室显得嘈杂，也影响其他同事。

作为职场人士，建立良好的办公室形象，会让自己显得更加专业，赢得领导和同事信赖，也会让办公室人际关系更和谐，获得同事们的喜爱。

第六节　办公室里不可忽视的礼仪

如今很多企业员工的年龄越来越年轻化，他们充满了朝气和活力，同事、上下级之间的关系比较亲近，整体办公氛围轻松活泼。一定程度地拉近距离是有必要的，大家的工作心情会更好，但若失去了该有的分寸，很可能就会适得其反。

我们公司有一次接到一个商务礼仪的培训需求，对方培训负责人专门和我们强调了这一点：其公司今年入职了好几位20岁出头的年轻人，有些年轻小伙子给女领导汇报工作，因为距离太近让女领导感到十分不适；也有人在办公场所称呼领导"哥、姐"等，缺乏人际关系的边界感。

人际交往的艺术很大程度上是分寸感的把握，身在职场，即使再熟悉，也建议遵循相应的次序和分寸，避免太过逾越，让交往对象感到没有受到尊重。有一些小小的建议分享给大家。

1. 见到领导主动问候

碰到领导，建议主动打招呼，比如"张总好"；不仅是对待领导，上班时见到同事也能够热情问候，对方看到的不仅仅是见面时的问好，更看到了背后的情商和阳光心态。一个有亲和力的人，更容易融入团队。每个领导都喜欢有正能量的下属，同事也喜欢有正能量的伙伴！

2. 称呼显尊重

不要为了拉近距离就称呼领导为"哥、姐"。在职场，还是以职务性称呼为佳，比如王总、张部长、李经理等，显得更加职业化。

3. 领导问话起身回答

如果领导、长辈询问工作，作为下属或晚辈最好起身回复，以显示尊重。

4. 注意距离

向领导汇报工作时最好是面对面汇报，如果需要讲解说明，建议也注意距离，避免靠得太近，至少相距0.5米以上，用远侧手示意。

5. 避免从两人中间穿过

如果领导和同事正在走廊谈话，建议从职位较低的人背后走过去。避免直接从两人中间穿过，打扰别人谈话是比较失礼的行为。

礼仪是一封通行四方的介绍信，让我们更容易和机会握手，让能力说话。

第七节　休假请假也要有礼

作为职场人士，难免会有私人事情处理需要请假的时候。在职场最忌讳的就是做甩手掌柜，因为自己的原因耽误整体工作进展是极其不职业的行为。有特殊情况需要请假或者休假，如何处理更得体呢？

1. 提前请假

除非是迫不得已的突发情况，建议提早一周甚至一个月向领导申请假期，同时也为工作安排和部署留下充足时间。

2. 事由、时间明确

请假原因和需要请假多长时间建议同步告知领导，便于领导安排工作。

3. 做好工作安排和交接

开始休假之前建议提前安排好手头工作，并且将计划同步给领导，会让领导对你更加放心，觉得你有规划、有工作责任感。

4. 感谢

对请假期间帮助自己的领导和同事表达感谢，相信为你分担工作的人也会更加上心，会获得更好的人际关系。

5. 准时回岗

休假结束，准时回到工作岗位投入工作中，展现职业素养和负责任的态度。

相信无论是领导，还是同事，都会更加信赖事事有反馈，事事有交代的员工。

【礼仪心语】

成功的商务人士不是靠自己的绝技，而是他们懂得和人相处的礼仪。

——戴维·帕卡德（David Packard）

商务礼仪不是一种表面功夫，而是一种内在修养。

——安德鲁·卡耐基（Andrew Carnegie）

第六章
商务宴请礼仪

看一个人餐桌上的表现，几乎便可以洞悉其饮食习惯、生活方式、职业背景，甚至财富、身份、地位。有识之士往往能透过餐桌上的言谈举止见微知著，识人用人。餐桌礼仪，体现的是软实力！

　　本章将会从中餐宴请礼仪、西餐宴请礼仪、成功商务宴请的重要礼仪细节、晚宴礼仪四个部分与大家分享如何在商务宴请场合展现出更加得体、自信、游刃有余的专业人士形象。

第一节 能不能合作，吃顿饭就知道了

我非常热爱美食，原来在国外求学工作时就经常和同学朋友去品尝各国美食，回国后从事礼仪培训工作，课程中也经常分享关于餐桌礼仪的话题。

有人说，礼仪是人类意志战胜动物本能的体现，餐桌礼仪也是。懂得餐桌礼仪能让我们更优雅地品鉴食物。因为很多时候我们用餐已经不仅仅是为了饱腹，还有社交的需要，以及对美好生活体验的追求，也体现对不同饮食文化的尊重。正如亦舒所说，做人，姿势好看很重要。

比如有时候我们要和一位新的培训师合作，我通常会请她吃饭，比较正式的中餐或西餐，通过餐桌上的行为基本就可以判断她的习惯和生活方式，最重要的是观察她的行为举止是否优雅得体，是否是一位训练有素的专业培训师，是否能够胜任商务精英关于国际社交礼仪的培训需求。

另外我因为职业关系经常在国内各个城市尤其上海、深圳、广州等地出差，经常有机会去感受各地的美食文化。如果当地有米其林餐厅，我通常也会约上朋友去感受它们的独特魅力，

在这个过程中我也积累了很多高端宴请经验。

我的一位朋友是企业老总，某天他请客人吃饭，叫上一个新员工陪同。这位老总朋友点了一个双椒鱼头，新员工喜欢吃辣的，结果这道菜上来以后，几乎就被这个新员工承包了，他自顾自地边聊边吃，旁若无人。吃罢，还赞叹道："就这个菜还不错。"回公司后朋友没有任何解释，两天后就将这个新人解雇了。这位企业老总说，一个在场面上如此自私的人，很难在工作上考虑周全，也难以相信他会在关键时刻对企业有责任感、维护企业利益。

另有一位女性朋友是企业高管，跟她吃饭简直如沐春风。在吃饭过程中，她会不时放下筷子倾听他人的所思所想；或细嚼慢咽，抬头倾听。她会将口腔里的食物咀嚼完再说话。饭桌上不随意给别人夹菜，就算夹菜也会用公筷。她的为人和她的吃相一样，优雅大方，从不令旁人尴尬。他们公司有重要贵宾接待，领导也通常会派她上阵。因为她的行为得体，做事稳妥，让人放心。吃相好的人，不仅是吃饭姿势大方得体，在工作上也稳重可靠。

我们吃饭的样子，就是我们最真实的样子。它无声地展示了我们的修养、品性、为人、格局。用餐形象好的人几乎都有共同特质，那就是顾及他人感受、有礼有节、行为得体、形象优雅。

吃饭有三个阶段：第一阶段是有好的用餐形象；第二阶段

懂得餐桌礼仪；修炼到第三阶段是不仅用餐形象好，深谙餐桌礼仪，还要有格调和品位。餐桌礼仪是职场人士的重要装备，没有人天生就会，所有人都是后天习得，只需要我们投入一点时间学习和践行。

　　所有行为背后是认知、习惯、分寸感的折射，相信餐桌礼仪的践行也能够帮助我们找到人际交往中的最佳尺度。我们在品味食物，他人在品味我们。餐桌礼仪，体现的是软实力！

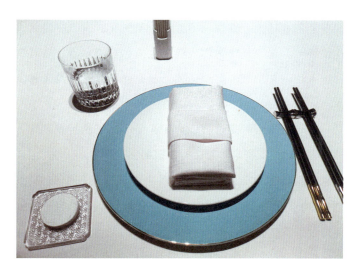

第二节　中餐宴请礼仪

莎士比亚说："在宴席上最让人开胃的就是主人的礼节。"如何在商务宴请中不露怯、不丢面、不失礼，有很多需要注意的礼仪细节。无论是作为客人还是主人，自信从容、有礼有节都会给人留下非常好的第一印象，更有助于后期的沟通和商务合作。

一次成功的商务宴请可以为宾客留下良好的用餐体验，相信对双方交流、商务合作都会有积极的促进作用。

本节内容将会与大家分享中餐中的座次礼仪、点菜礼仪、敬酒礼仪、中餐餐具的使用、取菜礼仪、让用餐形象更得体的礼仪细节以及中餐中部分复杂食物的品鉴方法，助力大家在中餐宴请时能够宾主尽欢，促进商务合作的达成。

一、中餐座次礼仪

有人说，从座位的安排上可以看出一个人的"社会成熟度"。曾经有位礼仪课程的学员和我们分享了他选择上礼仪课的原因。他说：他刚工作不久，一次公司集体聚餐，公司总监、部门经理都在，他因为刚毕业不久，也没参加过集体饭局。那天他到餐厅，一边和同事们打招呼，一边入座，也没想太多。殊不知自己坐到了主宾位，服务员每上一道菜都特地将菜转到他面前，他只能尴尬地将菜再转到领导面前，整顿饭下来如坐针毡、食不甘味。他这才知道，吃个饭还有这么多讲究。

中餐座次礼仪是非常讲究的，代表一个人的地位、身份和重要程度。餐厅服务人员也会根据座次判断谁是主人、主宾，该请谁开菜，该从哪开始倒酒。所以入座时根据自己的身份、角色找准属于自己的位置，就能避免尴尬，展现出自己的职业素养。通常中餐座次安排遵循以下要点。

1. 面门为上、离远为上

面门的位置为上座，通常是主人的位置。坐在这个位置上的人可以看清门口宾客进入的情况，同时也不会被上菜动作所打扰。有时主人可能也会请德高望重的主宾坐在这个位置，以表达尊重之意。

如果是双主人，主座对面离门最近、背对门的位置通常为第二主人位，坐在这个位置的人多数时候也会负责结账、与服务人员沟通等事宜。

2. 商务宴请以右为上

在商务场合，通常遵循国际惯例，以右为上，既主人右手边为第一主宾，第二主宾坐在主人左手边，依此右左排列类推。

政务宴请通常会遵循以左为尊的原则，所以具体的座次安排还需要判断宴请的性质。

3. 中间为尊

通常中间的位置是最尊贵的，也方便照顾到全局。

4. 好座为上

好座主要是指在视野、舒适度等方面都较好的位置，比如餐厅有景观或者演出，能直接看到精致舞台的位置是好座，建议请尊者入座。

用餐入座时，建议让尊者先行入座会更显礼貌，比如年轻者让年长者先入座，男士让女士先入座，下级让上级先入座……坐下后，身姿挺拔，举止有度，给人留下彬彬有礼、处事周全的印象，也为你的职业生涯打下坚实的基础。

二、中餐点菜的艺术

点菜可是门技术活，有很多乐趣和技巧，如何尽量让点的菜既照顾到贵宾的喜好又兼顾大家的口味，能够宾主尽欢，尽显主人款待的心意，还能吃出特色和文化，同时体现主人的品位和格调，需要花些心思，考虑周全。

（一）由谁点菜

在过往的很多次礼仪培训课程中，不少学员对此有些困惑，有学员说应该让客人点，这样体现出对客人的尊重；也有学员说应该由主人点，可以更好地控制预算。在商务宴请时，如果让客人点，客人可能会点价格相对低一些的菜品，即使有很喜欢吃的菜，但如果价格昂贵，客人通常也不会点。所以在宴请时，建议由主人、领导或者买单者点菜，这样既可以消除客人的顾虑，也可以比较好地控制预算。

如果是小范围的宴客，可以请当天的客人各点一道自己喜欢的菜品，然后再综合考虑、酌情添加。

如果对餐厅菜品不太了解时，可以告知经理、领班或者专门的点菜师你的预算，让其协助点菜，比如店里的招牌菜，评价最好的菜等，会更有利于点到可口的菜品。

（二）点多少菜

如今，都提倡节约、环保、不浪费，所以点菜时不只是关注点了什么、点了多少量，甚至连每道菜的分量也需要考虑进去，不同地区都会有差异。

我初到北京时，一次请一位朋友吃饭，我还是用我在南方的习惯点菜。通常南方菜量都比较少，于是我点了5道热菜，没想到菜品上来摆了满满一桌，同样的菜，其菜量几乎是南方菜量的两倍，最后剩下很多只能打包回家。

后来经过多次点菜的经验积累，也终于总结出一套心得。

（1）根据地域和人数来点菜，避免铺张浪费。菜品数量通常比用餐人数多出1～2道是相对比较合适的量，既不会浪费，也能体现出主人的心意。在点菜时考虑地域特色，比如北方菜量普遍比南方菜量要大，同样用餐人数，需要在菜品种类上酌情做增减。

（2）根据用餐对象来点菜。用餐的人如果男性比较多，则菜的数量可以多一些；如果女性比较多，则相对男性可以点少一些，合理规划。

（3）主菜体现规格和品质。主菜通常是我们口头所说的硬菜，会直接体现出宴请的档次和规格，通常价格相对其他菜品要更高。如果要控制预算，则需考虑合理安排。

（三）菜品选择

点菜需要考虑的因素除了菜肴是否美味，还有很多其他因素要考虑。比如，用餐的人是否有忌口，有些人不喜欢味道很冲的食物，有的人不能吃辣。再比如，用餐的人是否有特殊的禁忌，有时还需要考虑健康因素，如有痛风的人不能吃海鲜，这时虾、蟹都不要列入考虑范围；也有人爱好吃素，如果点一桌子荤菜就会让对方无从下筷。另外正式商务宴请预算也是需要考量的重要因素。

所以，在点菜前，建议先询问大家是否有忌口食物，有什么喜欢吃的食物。点完菜后也可以礼貌询问"我点的菜，不知道是否合大家的口味、要不要再点点其他的菜"等，会显得比较周到。

另外，中餐菜品形态众多，个人建议大家在重要宴请场合点菜时，别点太难处理的菜，比如猪蹄，食用时很难避免啃咬的动作，看起来不雅观。

（四）作为客人该如何点菜

被宴请时，有时主人也会请客人点菜。客人可以委婉表达："客随主便，你们定即可。"如果盛情难却，那么一味推诿或许会显得不大气，在主人点过几道菜后将菜单递到你手中时，不妨大方接过菜单。

当然作为客人点菜也不能只以自我为中心，需要考虑到其他用餐人的感受和口味，一方面菜品价格不宜太高，否则会显得点菜人没有分寸；另一方面菜品选择规避其他人忌口的菜。

最后如果菜量已经够大家吃了，就不要再点很多，避免浪费。

一个会点菜的人，人际关系相信通常不会差，因为他点下的每一份菜品里，都有着他为别人考虑的用心与体贴。

三、该敬酒时再敬酒

中国敬酒的历史最早可追溯至先秦时期，那时被称为"献"。在《礼记·燕义》中记载了国君宴请群臣的"燕礼"："献君，君举旅行酬，而后献卿。卿举旅行酬，而后献大夫。大夫举旅行酬，而后献士。士举旅行酬，而后献庶子。"即饮酒时，先敬君王，再敬大夫，然后是士，最后到庶子。不仅有明确的敬酒方法和步骤，还讲究尊卑有别，先后有序。其部分礼节一直沿用至今。

如今在商务宴请中，通常少不了喝点酒来助兴，俗话说"无酒不成席"，人们在推杯换盏间增进双方了解，为后续的沟通、合作奠定基础。敬酒也成了表达敬意，拉近距离的一个重要形式。但同时，因为酒精的作用，宴请时也容易让人出现一些不得体的失礼行为，不仅影响自己的用餐形象，有可能也会给交往对象增加压力和负担。所以敬酒也需要讲究方式和礼仪。

（一）倒酒

在正式宴请中，建议由主人或者在场的服务人员来倒酒会更加得体。如果客人自行倒饮或者给他人倒酒，难免会有宴请方照顾不周或者客人反客为主的嫌疑。

中国白酒通常是用专用的白酒杯饮用，容积小，倒酒时通常需倒满，以表达敬意。如果是洋酒则不同，比如红葡萄酒通常倒酒杯容量的 1/3。

另外，正式场合讲究主次分明，倒酒也是先尊者，再晚辈。如果不清楚在场宾客的主次关系，可以顺时针方向倒酒。如果主人、领导亲自倒酒，可以用手扶杯，必要时可以站起身表达对其感谢和尊重。如果不需要酒了，可以把手挡在酒杯上，说声"不用了，谢谢"即可。中餐里，别人倒酒的时候，也可以回以"叩指礼"表示感谢。

（二）敬酒时机

什么时候可以敬酒这一点很关键，原则上是以不影响来宾用餐为首要考虑，比如对方正在咀嚼食物的时候我们去敬酒就会有些尴尬。所以敬酒前如果看到对方正在咀嚼食物或者与他人交谈，建议先稍微等一等。

正式的敬酒，一般是在宾主入席后、用餐开始前就可以进行。一般都是由主人来敬，同时会说祝酒词。而普通敬酒，只要是在正式敬酒之后就可以开始了。

需要特别留意的是，如果向同一个人敬酒，等身份、职位比自己高的人敬过之后再敬，会更加得体。

（三）敬酒顺序

通常敬酒的顺序以年龄大小、职位高低、宾主身份为序。如果对宾客的职位、身份高低不明确，可以从自己身边按顺时针方向开始敬酒，或是从左到右、从右到左进行敬酒，可以有效避免误会的产生。

（四）行为举止

无论是主人还是来宾，如果是向大家集体敬酒，建议首先站起身来，面含微笑，手拿酒杯，面朝大家；当有人在向大家集体敬酒，说祝酒词时，在座的人建议停止用餐或喝酒的动作，以表示对敬酒者的尊重。

当宴席主人提议大家干杯时，建议所有宾客都端起酒杯站起身，互相碰杯。按国际通行的惯例，敬酒不一定要喝干。但即使平时滴酒不沾的人，也要拿起酒杯抿上一口，以示对主人的尊重。

当他人向你敬酒的时候，手举酒杯至双眼高度，在对方说了祝酒词或"干杯"之后再喝。干杯的时候，象征性和对方轻碰一下酒杯即可，不宜用力过猛，出于敬重，可以使自己的酒杯较低于对方酒杯。如果和对方相距较远，可以以酒杯杯底轻碰桌面，表示碰杯。

（五）面对劝酒

不提倡在餐桌上强烈劝他人喝酒，这样做可能会给对方造成困扰。参加饭局时，如果自己不能喝酒或者自知酒量不佳，建议提前和大家说明，比如："我酒量实在不好，就以茶代酒了，谢谢大家理解。"提前说明，避免对方因此而产生不悦。

在宴请场合，有美食、有佳酿，同时在座的嘉宾又言行举止优雅得体，相信整个用餐体验会更加愉悦，真正是宾主尽欢。

四、中餐餐具的正确打开方式

中餐的餐具品种多种多样，筷子、碗、汤匙、汤盅、味碟、酒盅……这些都是为了方便取用或者盛装不同食物，为了更高效、更优雅地用餐，每种餐具都有其特定的使用方法。

用餐的方式得当，不仅能享受味蕾绽放的快感，也能更得体、从容地应对每一次商务宴请，让用餐形象更好。

（一）擦手毛巾

通常比较讲究一点的中餐厅，用餐前餐厅服务人员会为每一位用餐的人士送上一条温热的白毛巾。这条毛巾就是擦手巾。顾名思义，是用来擦手的，若用它来擦嘴、擦脸或者擦餐具都是不得体的。擦手的范围建议也不要延伸到手腕以上，会显得有些太过豪放。

使用完之后简单折叠放在毛巾盘上，服务人员会在上菜前统一收走。

（二）餐巾布

餐巾布的主要作用是预防食物汤汁和食物残渣掉落弄脏衣物，同时代替餐巾纸有擦拭嘴巴的作用，保持嘴角干净。在中餐里它有时也起着区分主人的作用，比较讲究的餐厅，主人位的餐巾布折花与其他位置会有不同。

使用餐巾布时建议轻轻打开餐巾布，对折平铺到自己大腿上，使用时轻轻拿起餐巾布一角，用餐巾布内侧轻轻沾擦，保持餐巾布外观洁净。

不少人喜欢将餐巾布一角压在餐盘下，一部分在桌子下方垂着，这种做法不是不行，只是餐巾布发挥不了它的最大作用。另外，如果不小心扯到餐巾布，还有可能将整盘食物撒到自己身上，存在一定风险。总之千万别将餐巾布放在领口处，那是很外行的做法。

（三）筷子

筷子，是中餐最主要的餐具之一，使用筷子既省力，又方便卫生，而且还是一项不错的手指运动，有利于健康。

中国人是有温度的，筷子一头圆，一头方，寓意天圆地方，也寓意着待人处事要有分寸有规矩，这是我们为人处世的原则。传统筷子的标准长度是七寸六分，代表人的七情六欲，表明人与动物的本质区别，方寸之间也凝结着我们祖先的智慧。

筷子的正确使用方法讲究的是用右手执筷，大拇指和食指捏住筷子的上端，另外三个手指自然弯曲扶住筷子，并且筷子的两端要对齐。

筷子作为中餐最主要的用餐工具，在使用时建议规避禁忌，体现个人涵养。

（1）不把玩筷子。在等餐过程中，建议不要随意把玩筷子，一是因为太过随意、不够雅观；二是因为在交谈过程中，把玩筷子也会显得不够专心。

（2）夹菜需要使用公筷，避免用自己的筷子取菜。在比较正式的场合，取菜时建议用公筷，不仅更卫生，还能体现对交往对象的尊重。通常筷架上内侧的筷子是自己的私筷，外侧的是公筷，公筷不入口。

（3）不要敲击杯盘。等待上菜的空闲，千万别因为无聊而用筷子敲桌子、敲餐具。

（4）不要拿着筷子指指点点。如果我们需要与他人交流时，建议将筷子放在筷架上，或者整齐摆放在餐盘上，认真表达、专心聆听，交谈对象会感受到我们的尊重。不要拿着筷子指指点点、手舞足蹈。

（5）不要把筷子当叉子用。中餐中的有些食物可能因为太滑或者太大不好夹取，这时可以用勺子取用，避免用筷子直接去插食物。

（6）不要把筷子插在饭碗中。将筷子插在饭碗中在我们文化里是不吉利的。

（7）不要嘬筷子发出声音。将筷子含在嘴里，甚至嘬出声音，是极为不雅的举动。用餐时筷子的唯一作用就是将食物送入口中。

（四）勺子

在中餐中，勺子的作用和筷子是互补的，主要用来喝汤。一些筷子比较难夹起的食物可以使用勺子取用，比如玉米粒、豌豆粒等，会更加方便、效率更高。

但自己用过的个人汤勺，就别伸到转盘上的菜里了。像粥这类比较稀的食物可以用勺子吃，米饭建议用筷子吃会更加优雅一些，避免了狼吞虎咽，正式场合克制一些会更得体。

（五）饭碗

通常饭碗建议端起来使用，右手执筷，左手端碗至胸口上下高度，这样用餐仪态更加优雅好看。

当然，如果饭碗特别烫，也不要勉强自己，以免被烫伤。

这时碗可以放在桌子上，左手轻扶碗。总之，一位优雅、从容的人士是不会以口就碗扒饭吃的。

（六）汤碗

中餐中盛汤的容器有好几种，使用普通小碗喝汤时，用法和饭碗一样，一般情况下最好端起汤碗，用勺子舀着喝。如果太烫可以将碗放在桌上，一手轻扶碗即可。盛汤时，建议使用汤盆里提供的大汤勺。不要用力搅动汤，也避免刻意打捞汤里的食物，通常盛七八分满即可，避免太满撒到桌子上，也尽量避免器皿碰撞发出大的声响。

若汤盅比较重，放在桌子上即可，无须端起来。将汤匙取出放在垫碟上，将盅盖反转平放在汤盅上，就表示汤已经喝完，工作人员可以收走汤具了。

（七）餐盘

关于个人餐盘的使用，中国南北方有些差异，南方人喜欢将菜夹到小碗中，食物残渣放在餐盘里；而很多北方人喜欢将菜直接夹到餐盘中，食物在一侧，食物残渣在一侧，这和不同地域饮食习惯有关。餐盘的使用需要留意以下几点。

（1）用餐时，餐盘放在桌子上即可，不用端起来。

（2）取菜时建议一次别取太多，享用完后再取更雅观。

（3）保持餐盘的整洁，不要满是油污，或者将骨头、食物壳这些残渣丢得盘内四散。建议将它们归拢，有必要的话及时请服务人员更换餐盘。

（八）杯子

餐厅摆台时通常会摆好几种杯子，通常比较大的玻璃杯是水杯，用来盛水、果汁等，不建议用来盛白酒。不能喝酒的人，有时候可以"以水代酒"来敬人。如果用餐过程中不喝水，可以请服务人员撤走水杯，腾出用餐空间。

中国的白酒因为度数高，所以酒杯通常很小。

中国人喜爱喝茶，很多餐厅会为客人专门提供茶水，尤其是广东一带的城市。如果是功夫茶，茶杯大多比较小，也仅仅只能用来喝茶，不建议混用。

（九）牙签

在吃一些肉类等比较有嚼劲的菜时，有时难免会塞牙，所以餐厅通常会为客人准备牙签或者牙线。当众在公众场合清洁牙齿实在不雅。稍微讲究一点的人剔牙时会用餐巾布挡住嘴部，不会当众剔牙。而更得体的做法是用完餐后前往卫生间处理，对着镜子能处理得更干净，漱漱口也能去除嘴里部分用餐的味道，女士们还可以补个妆，再一次精致出场。

餐桌上的表现常常体现出一个人的日常习惯和修养。用餐时的举手投足可能都会映在交往对象眼中。得体恰当的行为举止体现一个人较高的综合素养，对专业形象和业务开展都有无形的影响！

五、不能忽视的取菜礼仪

我有位朋友是一家公司的负责人，他说通过用餐可以反映出一个人的很多品性。他认为："如果一个人遇到自己喜欢吃的菜就一直夹，也不管别人是不是吃了，那这样的人通常会比较自私，不懂得分享，即使能力再强，也不适合当领导。"一个看起来很小的餐桌行为，在他人眼里就是一个人内心世界和特质的流露。所以，餐桌上无小事！

中国人喜欢热闹，崇尚团结，重视整体性，所以用餐时大家围坐在一起，菜肴也是在一个大盘里装盛，需要我们自己按需取用，这隐隐折射着我们中国文化中的"团圆""亲近"之意。在餐桌上优雅取用菜品，是个人修养的良好体现。

如何取菜才更加得体呢？

1. 主宾开菜

若是正式的宴请，服务人员上菜后会将菜转到主宾的位置，由主宾先动筷取菜。

2. 按顺时针方向转桌

想要把想吃的菜肴转到自己面前，或是取用后转走，建议都按顺时针方向转动转盘。当全桌的人都按同一个方向转动转盘时，才不会出现你往这边转他往那边转，最后两边"打起来"的尴尬局面。

3. 照顾邻座的人

在取用好自己面前的菜肴后，可以将转盘按顺时针方向转动到左边的邻座面前。这样一来可以表示这道菜肴自己已取用完毕，旁人不用再顾忌你；二来可以让邻座感受到你的善意，无论是朋友间聚会还是商务宴请，都可以显示出你的翩翩风度。

4. 同一时间只有一人转动转盘

为了避免有人在夹菜时菜肴被转走，建议在转动转盘前先环视一周，看是否有人正在夹菜或者转动转盘。如有就等别人夹完再转动转盘。

5. 转动时动作轻缓

转动转盘时动作要麻利，也要轻缓，千万不要把转盘"咻"地一下快速转起来，以避免尴尬的事情发生。

6. 使用公筷公勺

取菜时建议使用公筷公勺，既卫生又健康。公筷公勺使用完后，记得放回原位，最好是放到方便下一个人拿取的位置。记住公筷公勺别放得太靠转盘边缘，否则容易在转动转盘的过程中碰到桌子上的水杯等器皿。

7. 别交叉取菜

邻座在取菜时，千万别伸出手越过他人取菜。大可等他人取完菜后自己再夹，显得从容有度。

8. 不要站起来取菜

既然设置了转盘，就是为了取菜方便。所以尽量避免站起来伸长胳膊去够菜，等菜品转到自己面前时再取，这样比较优雅体面，也不会显得迫不及待。

9. 边缘取菜

夹菜从靠近自己的盘子边缘夹起，不要从中间下箸。

10. 首次夹菜别夹太多

新菜上来首轮取菜时，建议别夹太多，以免后面的人吃不到。

11. 禁止挑挑拣拣

取菜时夹到什么就是什么，夹到不想吃的菜又放回去，或者夹着菜在菜盘边上控油，在正式场合都是不得体的。

我们吃饭的样子就是我们真实的样子，得体地取菜可以帮

助我们在场面上不露怯，不丢脸，不失礼，能让我们更从容地
参与社交活动。

六、如何做到用餐优雅

中餐食物多种多样，有头、有角、有骨头、有皮，对待这
些形态复杂的食物，很容易吃得不雅观，饭后留下的残骸也会
影响桌面整洁。如何优雅地品鉴各种食物，有一些实用的建议
分享给大家。

（1）取菜时，少量多次。不要一次性拿太多，避免汤汁滴
落到桌面上。

（2）自己餐盘中不要堆放太多食物，别让餐盘中的食物过
于凌乱。

（3）食物残骸聚拢放在餐盘边沿，不要放在桌面上。

（4）嘴里的骨头、鱼刺，避免直接吐在桌子上，用手、筷子、勺子取出放在餐盘里都可以。

（5）用餐结束后，保持桌面整洁。通常在餐厅，服务人员会主动收走食物残骸。虽说不必自己清理，但是饭后的残景也会让人联想到用餐之人的形象和修养。所以离开时，可将筷子并拢放在筷架上，没有筷架可并拢放在桌子上；餐巾布简单折叠后放在左手边。

（6）控制自己说话的音量。咱们中国人吃饭喜欢热闹，但是在用餐时建议不宜高声喧哗，用彼此能听到的音量说话就好。

（7）餐具轻拿轻放，尽量不发出太大声音。

（8）咀嚼食物时抿嘴咀嚼，尽量不发出声音。

（9）移动座椅，务必轻缓，因为椅脚摩擦地面的声音有时会非常刺耳。

（10）有需求时，举手和服务人员示意即可，避免大声呼唤。

优雅、得体的用餐形象会给个人修养加分，这样的人用餐也会是一道独特、美丽的风景。餐桌上保持优雅的秘诀：首先体态是关键，建议就餐时身体坐直；其次是小口咀嚼，避免口腔中都是食物。慢一点，从容一点！如能在日复一日的日常生活中注意小细节，无形中良好的习惯就养成了，个人气质和认知也会慢慢提升！

七、中餐5种复杂食物的品鉴方法

吃中餐很多食物近乎原形上桌，需要自己分割、剥壳等。在商务宴请场合，如何将一些复杂食物吃得更优雅呢？

1. 大片菜叶

无论是什么菜品，只要遇到大片菜叶，都建议折起来或者卷成小块，这样食用才更优雅。

2. 带骨肉

带骨的鸡肉、鸭肉避免不了要用"啃"的动作。想要啃得优雅，首先需要小口食用；其次能用筷子的时候就不要用手，做到这两点用餐形象会更好。

3. 全鱼

原形原状的食物，比如全鱼，通常从鱼腹开始取食，避免翻鱼，可先剔去上层鱼肉，再移开鱼骨取下层。吃进嘴中的鱼刺建议用拇指和食指或者用筷子取出，放在餐盘边缘即可。

4. 需要剥壳的食物

如果遇到螃蟹一类难"对付"的食物，建议先用手分解成小块再食用，这是最有效的吃法。如果经常有应酬，建议了解一下蟹八件的使用方法，会让用餐形象更加优雅。吃虾时，可以用双手先剥下虾头、去壳，留住尾部，拿住尾部蘸上料汁食用。

5. 面类和需要自己包卷的食物

吃面条时尽量不要发出声音，可以用筷子将面条挑起来，或者夹一些面条放在勺子上，直接送进嘴里就不会发出声音了。

像北京烤鸭一类需要自己包卷的食物，建议不要包得太大，吃的时候，用拇指和食指轻握食用即可。

最后，为了将一些有可能出现的用餐尴尬情形都扼杀在摇

篮中，建议在正式场合，不点一些食用难度高的食物，比如螃蟹、猪蹄等，这样基本就能吃得从容、优雅。

中餐食物多样，想要吃得优雅，总体原则就是小口进食，将复杂的食物分解成比较容易入口的形态和大小，用餐形象就会更好。

第三节　西餐宴请礼仪

餐桌上的表现可以折射出一位职场人士的内在修养、生活方式，甚至过往经历，所以说餐桌礼仪是商务人士的重要"装备"。西餐也是如今商务宴请经常会选择的，了解一些西餐礼仪可以让你在社交场合中应付自如，赢得更好的口碑和人际关系。

本节内容将会从西餐座次礼仪、点菜礼仪、餐具的使用、餐桌礼仪禁忌、复杂食物的品鉴以及餐桌突发情况的应对六个方面来进行分享。

一、西餐座次礼仪

虽然西餐座次礼仪有别于中餐，但是重要程度却不相上下。大家何时开始用餐、何时结束用餐、用餐速度如何把握，都要看主人的动作和节奏，侍者也会从主人位开始上菜，所以得体用餐的第一步，通常从找对自己的位置开始。作为主人，合理的座次安排可以使宾主尽欢，促进社交互动，体现待客之道。

西餐和中餐座次的安排大体原则是相同的，比如注重等级秩序、沟通的便利性、礼仪规范和场合的适配等。但由于西餐多为长条桌，所以在具体操作上存在差异。

1. 居中为上、女士优先

在西餐礼仪中，面门为上、居中为上的原则依旧适用。西餐桌主要以长条桌为主，英式西餐主人通常坐在长条桌的一端，对着宾客来的方向；而在法餐中，主人通常习惯坐在餐桌长边居中的位置，面门而坐。

2. 以右为尊、交叉就坐

西餐在安排座次时会将夫妻分开，男女穿插入座，第一男主宾坐在女主人右手边位置，第一女主宾坐在男主人右手边位置，依此类推。这样安排一方面是为了扩大交际圈，另一方面也有助于男士照顾女士。

当然了，以上只是国际通行的礼仪原则，具体商务宴请时还需要考虑到用餐人数和个性化的需求，综合考量做出最合理的安排。

总而言之，西餐座次绝非简单地排座位，而是融合了尊重、社交智慧、文化符号与实用考量的综合艺术。在全球化社交中，理解现象后的逻辑比机械遵循规则更重要。

二、西餐点菜礼仪

西餐点菜和中餐点菜有很大不同。中餐点菜多数时候是一人点菜大家共同享用；而西餐中除了一些正式场合主人会提前统一安排外，多数时候点菜环节是每位用餐人都需要参与的，并且建议保持与他人点的菜品数量相当。

西餐菜单可能会根据场合、形式、季节及客人要求的不同而有所变化，看似复杂，但其实菜单的基本结构是不变的。由最基本的三道式西餐演化而来，分为五道式、七道式、九道式，甚至十二道式等。三道式和五道式是西餐厅最常见的搭配，更正式的场合菜式也会更多一些。三道式西餐通常是一道开胃菜、一道主菜、一道甜品；再正式一些就会有五道，包含两道开胃菜（一道沙拉，一道汤或者热菜）、两道主菜（一道鱼、一道肉）、一道甜品；七道菜由一道开胃点心、两道开胃菜、两道热菜、一道甜品再加上咖啡或者茶。无论多少道菜，基本都是由开胃菜、主菜、甜品三大部分组成的，了解了这一规律，点餐时就可以在相应菜品中做出选择。

　　要想在点菜环节更加得体，显得游刃有余，下面几个点菜礼仪和技巧分享给大家。

　　（1）入座后立即开始点餐未免会显得太过着急，除非是时间紧迫，需要赶紧结束用餐。出于礼貌，大多时候到达餐厅后，大家先坐下来简单寒暄一下，然后再打开菜单，彼此之间也可以交流一下吃什么，或者其中有人之前来过此餐厅也可以推荐一些不错的菜品。

　　（2）当你确定好菜品合上菜单时，如果是训练有素的餐厅服务人员就能立马领会到可以为你点菜了；或者确认好菜品后举手示意服务人员为你点菜即可。

　　（3）避免浪费。如果想多尝试一些菜品但是又担心浪费，可以提前告知服务人员，每份菜的菜量少一点。

　　（4）点菜的品类和数量建议与主人保持一致。如果别人都没有点甜点，只有你点了，大家看着你吃就会尴尬无比；同理，自己点少了，看着其他人吃也会很难受。总之，不要做等待和被等待的人。

　　（5）如果宴请人数较多，可以选择套餐，因为套餐不仅价格明确，方便控制预算，而且当季时令菜色和厨师拿手菜通常都会包含在其中，并且菜色搭配也比较丰富，实用且高效。

（6）宴请人数不多时可以选择单点，点菜时可以先决定主菜再搭配其他菜品。搭配时建议避免食材、做法重样，比如主菜点了牛排，前菜可以点扇贝、虾等海产品；主菜做法是煎，前菜就可以点焗烤的食物，口味不重复、食材不重复，这样一顿饭可以吃到多重美味。建议总体搭配顺序是口味从淡到浓，这样味觉会更加敏感，更能充分享受食物的美味。

（7）注意食物的颜色搭配。在点菜时，也可以注意下食物的颜色搭配，建议食材颜色可以多样，看上去赏心悦目的菜品也会在视觉上刺激味蕾。

（8）时令菜色值得推荐。有些食材只有在特定的时节才会有或者才最鲜美，如果刚好对上自己的胃口，则不妨一试，比如4月至6月的白芦笋，是独属于春天的味道，被美食爱好者称为"可食用的象牙"；12月到翌年4月的生蚝最为肥美，很多餐厅都会特别推出生蚝菜品……

（9）有些西餐厅的菜单，给女士或者客人的菜单上是没有价格的，只有男士和主人的菜单上有价格，目的是希望客人或女士点菜时不要受其价格影响，尽量点自己想吃的菜。但是如果受人邀请，点餐时建议不要点最贵的菜。如果没有价格说明，也可以通过食材判断其价格，比如鹅肝、松露、鱼子酱等珍贵食材通常都价格不菲。点价格适中的菜品是最妥当的，既满足了自己的味蕾，又不至于给请客的人造成负担。

（10）在国内，牛排的熟度通常是单数划分，分别是一分熟、三分熟、五分熟、七分熟，此外还有全熟，所以点牛排时千万别说要八分熟度，否则会显得你很外行。

（11）通常西餐不可分食，尤其是正式宴请，大家各自食用自己点的食物。

（12）及时沟通。如果遇到疑惑，比如菜品的烹制方法等，可以询问服务人员。

布里亚·萨瓦兰说过："告诉我你平时吃什么，我就能知道你是怎么样的人。"

内行的人，通过一个人点菜环节的表现就能了解这个人的生活方式和习惯，甚至品性。

三、西餐餐具的正确打开方式

西餐的仪式感除了菜品上的讲究外，精致的餐具也是仪式感的重要方面。西餐中每种餐具都有其特定的用途，比如沙拉刀通常是用来切一些脆嫩的蔬菜，所以体型小、刀口浅、锋利度较弱；而主菜刀因需要分割肉类，所以体型较大、锋利度较强。如果用错不仅取用食物时不太好操作，也很容易被身边的人看出来你外行。

正式的西餐，桌上会摆满琳琅满目的餐具、酒具，它们各司其职，各有用途。

（一）刀叉

中国人用餐喜欢热热闹闹，而西方人则追求安静，越是高级的西餐厅可能越安静，大家的交流也是轻言细语，背景音乐清晰可闻。很多服务语言都可以通过不同的刀叉摆放方式传递给服务人员，所以刀叉的摆放就像是餐桌上的非语言式的沟通，不同的摆放方式会传递出不同的信号。

（1）刀叉的摆放顺序通常是按照上菜顺序来依次摆放的，所以由外往内取用刀叉，通常都不会出错。一般情况下左手持叉，右手持刀，如果是左撇子可以反过来拿，但用餐完毕建议放回原位。

（2）放下刀叉时，刀刃建议朝内，以表达对邻座的保护、尊重。

（3）如果是用餐中途需要喝水或者讲话，建议将刀叉呈"八"字形摆放在餐盘上，避免拿着餐具指指点点。

（4）用餐中途如果需要暂时离开，英式西餐摆法是将刀叉"八"字形摆放在餐盘中，刀尖和叉齿部分重合；法餐摆法是将刀叉完全分开"八"字形摆盘在餐盘中。用餐时如果需要讲话建议也是这样摆放刀叉。将餐巾布放于椅背上，表示还会回来继续用餐，服务人员不必收走。

（5）用餐完毕，法餐的刀叉摆法是叉齿向下，刀刃朝内，并排对齐摆放在4点钟或5点钟方向；而英式刀叉摆法是叉齿向上，刀刃朝内，并排对齐摆放在 6 点钟方向。两种摆法都是告诉服务人员，这道菜我吃完了，可以收走。

（6）如果不用刀时，可将刀放在餐盘边沿，用右手持叉。注意别用刀戳着食物喂到口中，不仅不符合规范，还十分危险。

（7）不建议将刀插入叉齿中摆放在餐盘里，这是差评的意思，除非对当天的菜品很不满意。

（8）如果用餐时餐具不小心掉落，这时请服务人员帮忙捡起并更换餐具即可，千万别自己钻到桌子下面去捡，尤其在正式场合，这样做很不好看。

（9）有些西式简餐厅，不会每道菜都更换餐具，从头到尾都是使用同一副刀叉。这种情况当餐盘被收走等待下一道菜的间隙，可以将叉齿朝上，刀刃朝下放在叉齿间，避免叉齿和刀直接接触台面，会比较干净卫生。

（二）汤匙

西餐中匙的作用仅仅是喝汤，最好不要用匙取用其他食物。

传统的西餐礼仪中，英式西餐和法餐关于喝汤的讲究还不一样。英国人认为勺子的凹面是正面，所以在摆台时凹面朝上，喝汤时由内向外舀汤；而法国人则认为勺子的凸面是正面，所以法餐摆台勺子凸面朝上，喝汤时由外向内舀汤。规范的差异源自观念的差异，但殊途同归，都是为了表达对交往对象的尊重，将更好的一面呈现给对方。

（三）餐巾布

西方有句谚语："Table manners start from napkin"，意思是"餐桌礼仪是从餐巾布开始的"。餐巾布在西餐中也扮演着重要角色，使用时也有诸多讲究。

（1）通常点完餐再打开餐巾布，如果一坐下就打开餐巾布，会被认为是失礼行为。第一个打开餐巾布的人通常是主人，主人打开餐巾布后表示用餐开始了。

（2）餐巾布的作用是保护衣服不被食物弄脏和擦嘴。打开餐巾布后将其对折，平铺在大腿上。假如衣服的质地比较滑，餐巾布容易滑落，可以用不醒目的方法来固定。

（3）在用餐过程中和饮用酒水之前，可以用餐巾布擦拭嘴边的油迹，但不建议用餐巾布擦拭除了嘴巴以外的地方。女士的口红因为含有油脂比较难清洁，建议可以用餐巾纸擦拭，避免给餐厅造成清洁负担。

（4）用餐巾布擦嘴时避免动作过大，更优雅的方法是轻轻沾擦。

（5）用餐中如果中途要离席，可以把餐巾布放在椅子上，若将餐巾布摆放在桌子上，容易被误解成已经结束用餐。

（6）用餐完毕，把餐巾布放回桌子上的动作也是由主人先做的，表示今天的用餐到此结束。站起来前，建议先将腿上的餐巾布拿起，简单叠好放在自己餐盘的左侧。

（四）高脚杯

高脚杯，比如红葡萄酒杯、白葡萄酒杯、香槟杯等，使用时手持杯柄或者高脚杯底座，避免接触杯身，因为手的温度会改变酒的口感。

与人碰杯时最好不要"铛铛"直撞，高级餐厅所用的酒杯又细又薄，这一撞很可能造成酒杯破裂。为了避免发生这样的情况，碰杯要优雅、轻巧，杯肚轻轻相碰即可。

（五）洗指碗

享用完一盘带骨头或者是甲壳类的食物，服务人员可能会端上一碗漂着花瓣或者是柠檬片的温水，这就是洗指水。

洗手指时，重要的礼仪是：一次只洗单手，不要双手一起搓洗；只洗三个手指头，到第二个关节的地方就行了；如果把整只手都放进去会显得不够优雅。

细节见修养，懂得一些约定俗成的规则可以让我们更好地品鉴美食。想要在餐桌上更加得体、优雅，还需要从点滴细节开始注意并践行！

四、10个西餐礼仪禁忌

餐桌礼仪是由许多细节构成的，有一些礼仪禁忌在用餐时尤其需要规避，否则可能会招来外行、不够替人着想、不懂规矩这样的评价。

1. 喝汤、咀嚼时发出声音

除了某些国家和地区有特殊的风俗习惯，如日本、古巴等国家认为发出声音才是对食物味道的肯定。在大多数国家，还是避免喝汤、咀嚼的时候发出声音，否则会被认为是不文雅的行为。

享用西餐时，建议小口进食，抿嘴咀嚼，这样的用餐形象会更加文雅一些。如果想要表达对主人的感谢和对食物味道的肯定，直接口头表达，比如"食物很美味，感谢精心款待"等。

2. 大声地发出打嗝声

用餐时过快、过多、冷热刺激都有可能让人打嗝，有时也会发生控制不住的情况，当众大声打嗝很没礼貌也很影响用餐形象。

想要打嗝时建议避免与他人交流，如果正在交流，突然想打嗝，则可以和对方表达下歉意，然后掩住口鼻，对方就知道需要稍等一下了，处理好后再继续话题。

打嗝时建议第一时间侧身，用餐巾布或手掩住口鼻。如果突然止不住连续打嗝，可以和宾客说明后前往洗手间处理。

3. 撞击杯盘

西餐餐具尤其刀叉在用餐过程中如果不注意很容易碰撞发出刺耳的声音，影响到其他人用餐。在用餐时需要格外留意，刀叉轻放。同时切割食物时，使用手腕力量朝同一个方向切割，尽量避免发出刮盘的声音。

4. 讲话时挥舞刀叉，或用刀叉指人

讲话时拿着刀叉做手势不仅不礼貌，还十分危险，建议与人交谈时先将刀叉放下。

5. 一次性切完食物

一次性将食物切完不仅不符合礼仪，而且食物的味道也会受影响。一方面，在享用西餐时，切一块吃一块会显得更加从容，用餐形象会更加优雅；另一方面，很多食物的口感会随着温度的变化而变化，一次性将食物切完会让热量散发得更快，食物口感会打折扣，比如牛排，切一块吃一块能更好地保留牛排中的汁水，使肉质更加鲜嫩。

6. 翻看盘底的厂牌名

一些比较有品质的西餐厅，餐具选用非常考究，餐具质地优良，图案精美，呼应餐厅的整体风格；有的西餐厅甚至会选用一些知名瓷器品牌或者餐具品牌，来彰显餐厅的格调和品位。

当众翻看盘底的厂牌名，不是很得体，如同当众翻别人衣领确认品牌、探究价格一个道理。

如果实在好奇，可以私下询问服务人员餐具的品牌，通常餐厅服务人员都会很乐意告知。或者也可以拍张餐具的照片（正式场合除外），通过搜索获取想知道的信息。通常知名瓷器品牌都有独特的花纹、图案或设计元素，很容易辨别。

7. 随意取用刀叉

西餐中，每一道不同的菜品通常都会对应不同的餐具，很多食物都为其量身定制了餐具，比如鱼刀，只能用来吃鱼；奶酪刀，只能用来切割奶酪；吃生蚝有专门的生蚝叉；吃蜗牛有专门的蜗牛叉。这些不同的餐具都是根据食物不同的特性和取用方式而发明和设计的，如果用错不仅会显得自己是个外行，而且在享用食物时也会很不方便。

8. 拿错邻座的面包或者酒水

这是非常尴尬的一种情况，要想避免，你只需记住 BMW 法则：面包（Bread）在你的左手边，正前方是你的主餐盘（Mine），酒 Wine/ 水 Water 在你的右手边。

9. 切食物时动作太大

用刀叉切食物时，如果摆出磨刀霍霍的架势，会显得不够文雅，动作举止都建议轻柔些。

10. 频繁看手机

在用餐过程中频繁看手机一方面使得自己不能全心全意享

受美味，同时也会让用餐对象觉得不被尊重而产生不悦。用餐时，建议将手机调至静音状态，既不打扰他人用餐，也不影响自己与他人的交流。如果有必须处理的事情，先说明再快速处理更好。

礼仪是表达尊重的艺术，每一个行为动作背后都是人的分寸感和涵养的体现。餐桌上的行为就是我们的简历，我们每个人都可以从细微处修炼，不断进阶成为更好的自己！

五、西餐中10种食物的品鉴方法

面对琳琅满目的食物，如何能够在大饱口福满足味蕾的同时，又能吃得好看呢？尤其面对一些较为复杂的食物。只要掌握一套实用、得体的享用方法后，就能展现更优雅得体的用餐形象。

1. 培根

食用软的培根时建议用刀叉，可以用刀切成小块，也可以叠卷起来食用。如果是很脆的培根也可以直接用手拿着享用。

2. 面包

有的餐厅面包是放在面包篮中，由客人自行取用。面包种类通常也不止一种，建议一次拿一个面包就好，吃完了再拿。如果面包篮离自己比较远，切忌伸长手臂越过邻座拿取，更得体的做法是请旁边的人递送一下。有的餐厅面包则是分别放在每位客人的面包盘中，这时左手边盘中的面包才是自己的。

享用面包时，通常用手将面包掰成一口大小，再涂上黄油（也可根据自己喜好不涂）食用，不建议直接用嘴咬着吃或者一次将一整块面包都涂抹上黄油。黄油、果酱等面包蘸料有时是一人一份，有时是共用的。共用时建议先取一部分放到自己的面包盘中，再用自己的黄油刀涂抹在面包上食用会更加得体。意大利面包通常会佐以橄榄油和黑醋汁食用，这也是意大利面包独有的吃法，享用时也是掰一口大小的面包然后再蘸取料汁食用。

3. 芦笋

长芦笋建议用刀切成一口大小的段，然后用叉子取食。切割时需要把握力道，避免用力过猛发出尖锐餐具的碰撞声。

4. 甜品

如果是比较小，又不粘手的甜品，可以直接用手取用，比如小的水果塔、马卡龙等。

如果是比较容易粘手的蛋糕，比如巧克力蛋糕、芝士蛋糕、蛋奶布丁等，建议用甜品叉或者甜品匙，轻轻切下一小块，送入口中。有的蛋糕有多层，比如拿破仑蛋糕，食用时很容易弄散，比较优雅的吃法是先将蛋糕轻轻放倒，然后用甜品叉或甜品匙固定，用甜品刀切开蛋糕，分割成一口大小后享用。

5. 沙拉

轻食是很多有身材管理需求人士的心头好，面对大片的蔬菜建议用餐刀切成小块或者用刀叉相互配合折叠起来食用。如果担心折起来的菜叶散开，可以在菜叶后面再叉一块西红柿、黄瓜等食物就能很好地起到固定作用了。

另外商务宴请场合如果酱汁滴落到衣服上会影响个人形象，建议叉起蔬菜后观察下是否有即将滴落的酱汁，没有再送入口中。

6. 意面

如果是短的意大利面可以用餐叉舀食或者用叉齿叉起食用，比如通心粉等；如果是长的意大利面，可以叉起几根面条，叉尖抵住餐盘用叉子将面条卷起来送进口中，同时需要注意避免发出声音。

意大利面需要留意避免用刀或者勺子将面条切断食用。

7. 生蚝

一只生蚝上桌，建议先观察下生蚝是否新鲜，新鲜的生蚝壳中汁水充足，生蚝非常软滑地浮游在其中，没有任何干瘪或缩水的样子；再用叉子将蚝肉和壳分离；再放上调味料，比如柠檬汁、洋葱粒等，挤柠檬汁时一手挤压，一手遮挡以防溅到其他人。吃第一只生蚝时个人建议先别放任何调味料，吃最原味的。品尝时一手把生蚝平平拿起，把圆滑的一端对准嘴巴，一手用叉子将蚝肉轻轻拨进嘴里，壳中的汁水也是可以喝掉的。

8. 鱼子酱

鱼子酱有两种吃法：一种吃法是借助勺子或者叉子，但建议别用不锈钢材质的，因为它们会有金属味道或者苦味，可能会改变鱼子酱的味道，如果不能品尝到鱼子酱的原汁原味，那就是暴殄天物了；另一种吃法是将鱼子酱放在食指和大拇指之间的手背上，再品尝。

除此之外，鱼子酱还可以搭配无盐饼干、面包或俄罗斯传统煎饼一起食用。无论哪种享用方式，建议取用时都一次少量，充分感受鱼子酱在口中爆开与味蕾碰撞的瞬间。

9. 对虾

吃西餐时，尤其在正式场合，建议用刀叉去壳食用更为优雅一些。先用叉子将虾身固定，用餐刀切除虾头部分，再切除虾脚，比较大的虾可以一分为二，再用餐刀固定住虾壳一端，叉子叉住虾肉取出食用。

10. 奶酪

通常，建议先从口味清淡的奶酪开始吃，再过渡到食用口感强烈的奶酪，这样更能品味出不同奶酪的味道。

在休闲场合，奶酪可以用手直接拿着食用。但如果在正式场合，建议用甜点刀叉来食用，或者将奶酪放在面包上食用。奶酪搭配面包食用时，将面包掰下一口大小，然后放少许奶酪即可，以一口能吃掉的量为佳。

一个人的形象、品位、性格会在餐桌上尽显，得体、从容地品鉴美食会给形象加分，品鉴美食的过程也是修炼松弛、悠然心境的过程。

六、如何应对餐桌上突发的尴尬情形

俗话说：常在河边走哪有不湿鞋。尽管可能你已经非常熟练地掌握了用餐礼仪和食物品鉴的方法，但偶尔还是可能发生一些意料之外的小插曲让自己陷入尴尬情形。当然尽量避免是最好的，如果出现了，从容大方地应对是当下最好的选择。

1. 衣服上沾上油渍、酱汁

尤其是浅色衣物，在公开场合沾染上污渍是很尴尬的一件事情。这时如果是在自己家宴客，向在座的宾客说明后，可以直接换一套衣服；如果是在餐厅用餐，可以去卫生间处理，注意处理时面积尽量不要过大，衣服湿一大块也很不美观。

如果污渍在腿上，可以拿餐巾布暂时盖上，继续用餐和交谈，自己不刻意关注，他人可能也不会注意到。

2. 不小心将食物掉在地上

食物掉在地上，容易被不知情的人士踩到。为了避免给他人造成不便，建议及时清理掉。可以示意服务人员，轻声告知请其帮忙清洁，并且表达感谢。如果是在正式场合，最好避免自己蹲下清洁地板。

3. 面对不喜欢吃的食物

如果不是自己点的菜，有可能会遇上自己不喜欢吃或者不能吃的食物。如果是在别人家做客，遇到不喜欢或者不合胃口的食物建议浅浅品尝，可以少吃但是不宜不吃，别辜负主人的一番心意；如果是自己不能吃的食物，比如有习俗禁忌或者过敏反应，可以和主人说明情况，相信大家都是可以理解的。周到的主人通常会在准备阶段就会询问大家是否有饮食忌口。

如果是在餐厅用餐遇到不喜欢的食物，可以委婉表示自己不吃这类食物，或者浅尝辄止即可。

4. 嘴里有食物却需要讲话

嘴里有食物时与人交谈是件很不雅的事情，如果正在咀嚼食物时有人与你说话，可以先示意对方请稍等，等食物咽下去后，再与其交流。建议大家小口进食，这样就算有人突然过来和你说话，你也不用咀嚼很长时间，减少尴尬。

另外，当别人口中有食物时，我们尽量也不要与其说话哦！

5. 面对公用酱汁

有的菜会单独配上蘸料，面对这种公用酱汁，可以先盛一些到自己的餐盘中，或者请餐厅服务人员再多拿几份酱汁。

6. 餐具掉在地上

如果万一不小心餐具掉在地上发出较大声音，弯腰去捡会不太雅观。这时可以向同桌的人表示歉意，然后请服务人员过来处理并更换干净的餐具。

管理自己从管理餐桌上的行为开始，处理好餐桌上的每件小事，用餐形象自然得体从容，也会有更美好的用餐体验。

第四节　成功的商务宴请离不开的九个礼仪细节

一次成功的商务宴请能够为宾客创造美好的用餐体验，能够更好地拉近与客户的关系，增进感情与了解，促进商务活动的开展。

在宴请时考虑周到、礼节到位，才能够让客户感受到宴请方的待客之道和款待之情。分享九个礼仪细节，相信会有助于商务宴请活动的成功。

1. 提前做好功课，选择场地

提前了解清楚宴请对象的大概喜好，比如口味、喜欢的菜系、是否有忌口等，根据宾客喜好综合考虑后选择适合的餐厅和菜品。宴请的场地很大程度上决定了宴请的基调，建议在预算范围内尽量选择环境、服务都好的餐厅作为宴请地点。好的宴请环境不仅体现宴请方的实力、对宾客的重视程度，也更有利于双方的沟通交谈。

2. 提前预约

尤其一些知名餐厅，可能需要提前好些天预约才能有理想位置。预约时告知餐厅用餐人数和位置喜好，舒适的环境、窗外优美的风景都能提升用餐体验。

3. 到达餐厅之前先吃点东西

商务宴请主要是为了建立商务关系，并不是为了填饱肚子，在餐桌上可能会有很多交谈，所以为了自己的肚子不受委屈，在赴宴前可以视情况少吃点东西垫一垫。

尤其作为宴客方，在宴请中需要照顾宾客需求，尽量避免让自己饥肠辘辘地款待客人。

4. 避免点一些复杂食物

为了避免一些尴尬情况的出现，建议正式宴请时不要点过于复杂的食物，比如猪蹄、螃蟹等，食用起来有难度。

5. 收起手机

不要把手机放在餐桌上，更不要手机每震动一次都看一眼，将手机设置成震动或者静音，如果不是特别重要的事情，不要被手机打断思路和打断彼此的谈话，让对方感受到被重视、被尊重。

6. 中途离席应说明

如果是中途需要离开座位去洗手间或者接电话，建议向主人或者身边的人有所说明：不好意思，我去下洗手间，然后将餐巾布放在椅子上，餐厅服务人员也就明白你还会回来不会收走你的餐具。

7. 把握用餐速度

自己的用餐速度建议和大多人保持一致。太快，别人可能会觉得你很饿，用餐形象不雅；太慢又会显得拖拖拉拉。尤其作为宴客方，更需要照顾大家的频率，如果自己早早地吃完会给宾客造成压力，甚至让宾客误以为你想尽早结束宴请。

8. 付款

抢着付钱实在不怎么好看，作为宴请方，建议在用餐结束之前就悄然结账。如果需要开发票，建议也早些告知餐厅服务人员，提前准备好，避免用餐结束后等待。宴请结束，如果有必要可以安排车辆送客人离开。

9. 表示感谢

宴请结束后可以找个恰当时间对宾客的莅临再次电话或者短信表示感谢，提升客户好感度，为后期工作的开展奠定良好的合作基础。

商务宴请是拉近和客户距离的大好时机，宴请的重点并不在于吃，我们更加需要关注对细节的把控，才能让商务宴请带来更好的效果。

第五节　如何在晚宴上得体自如

不同形式的宴会有不同的礼仪规范，越正式、规格越高的宴会，礼仪要求也越严格。晚宴是商务宴请中高规格的宴会之一。

正式的晚宴有哪些礼仪讲究？以下礼仪细节可以帮助商务人士在晚宴上表现得更加得体、自如。

1. 及时回复邀请

如果你收到一张晚宴的邀请函，建议在24小时内回复对方，这样主人才能根据每位客人的回复来安排晚宴，做好准备工作。当然，作为主人或主办方也要提早两周或一周（根据宴会的规格来定）确认并邀请出席宴会的嘉宾，以便客人提前安排时间。

2. 做好准备

周全的主办方需要把晚宴的任何一个细节都提前考虑，从客人入席的排位，到餐桌布置，再到菜单和时间控制都要提前规划妥当，尽力把所有嘉宾都照顾周到。

3. 按要求着装

在出席高规格的宴会时，请柬上一般都会注明着装要求，宾客需要遵循着装要求着装。如果不明确着装要求，可以和主办方提前确认，打扮得过于随意或者过于隆重都会不合时宜。

4. 准时出席

请准时到达主办方所通知的宴会举办地点，不要提早太多，太早到达有可能还没有准备好；但也不要迟到太久，避免有不重视之嫌，通常宴会开始前后 15 分钟以内到达为宜。如果因特殊原因晚到，建议先打电话和主办方说明情况；如果有特殊原因需要提前离开，也建议提前和主办方解释清楚，避免误会。

5. 优雅入座

在工作人员的引导下按照座次安排入座，坐姿建议挺拔大方，避免状态懒散。

6. 文明用餐

用餐时的餐桌礼仪非常重要，尤其晚宴场合，建议小口进食，抿嘴咀嚼，好的用餐形象也会为个人形象加分。

7. 礼貌交流

出席商务晚宴的目的是结交更多的人脉资源，寻求更多的商务合作伙伴。餐桌上的交流尽量避免涉及宗教、政治、低俗不雅或者敏感性话题，同时也不要高谈阔论，过犹不及。

8. 离席礼仪

用餐完毕退席时，建议起身向主人道谢告辞。作为主人，也建议热情送别，感谢对方的莅临。

晚宴是结交人脉，展示个人魅力的高端社交场所。晚宴礼仪可以让你表现得更加得体自如!

【礼仪心语】

1. 我们吃饭的样子，就是我们最真实的样子。它无声地展示了我们的修养、品性、为人、格局。吃相好的人几乎都有共同特质，那就是顾及他人感受，有礼有节，行为得体，形象优雅。

——贾惠

2. 在内行人眼中，我们拿餐具的方式，如何品鉴食物，餐桌上的行为是否得体，桌面是否干净整洁等都能反映出我们的生活方式、品位、性格、修为以及曾经看过的世界。餐桌礼仪是每位需要人际交往人士的必备技能，以帮助我们更自如地应对不同场合。我们在品味食物，他人在品味我们。

——贾惠

3. 餐桌上的行为也是我们的简历。

——贾惠

后 记
——关于礼仪，我的践行和感悟

卓雅礼仪自 2011 年成立，回首过往，感触良多。幸运的是，我拥有越来越平和的心态，越来越笃定的内心。作为一个礼仪机构的运营者，礼仪的研究者、分享者，我通过不断践行，获得了很多感悟和思考，并把它们放在这本书里分享给各位读者，期望对大家能有所帮助。

一、关于心态

（1）个人每天很重要的一件事情就是提醒自己关注当下，不为过去懊恼，不为未来担忧，只活在此刻，观照自己此刻的情绪、表情、体态、行为。提醒自己，永远不要做情绪的奴隶，要做自己真正的主人。告诉自己，管好此刻，就能管好一生！

（2）好心情的秘诀有三：良好的心态、充足的睡眠、健康的饮食。尤其良好的心态最重要，比如时常告诫自己"因上努力，果上随缘"，对万物抱着"欣于所遇，暂得于己"的心态。

专注于当下，每一刻都做出最好的选择，结果是老天爷赏赐的，也就不纠结于结果了。其实功不唐捐，只要真正付出心力，做有价值的事情，结果是可以预见的。而我们，需要付出的是真正专注于每个当下，然后耐心等待结果的到来！

（3）很喜欢老子这句话，在这里和所有卓雅礼仪的朋友们共勉："知人者智，自知者明；胜人者有力，自胜者强。"

（4）孤独是人生的常态。学会与自己相处，与自己和解，与自己对话。人一生中最重要的关系是与自己的关系。

（5）分享涉外礼仪时会研究意大利人的生活哲学（之前不理解他们为何老迟到），他们认为没有任何事情比快乐更重要，认为最重要的是过程而非结果，认为脱轨的人生才是人生。一方面，迟到是生活的一部分，另一方面，在慵懒的慢生活里他们又成就设计的盛名。享受美好生活，才是人生！

（6）你独一无二的生命，是你仅有一次的生命，你是它唯一的主人。善待自己，照顾好自己，不负每个当下，让心境宁静喜悦，就是贡献给世界一份安宁欢喜。

（7）礼仪，舍得的智慧，给予的雅量。

（8）决定一个人情绪管理能力的，最重要的是认知和心智模式，它们能够让我们理性、平和，从而让我们真正善待自己、善待周遭的世界，行礼如仪。

（9）礼仪，刚开始践行时需要意志，因为需要改变原有的习惯和行为模式。后来随着年龄的增长，感受自己生命的不易，开始对另一个生命有更多的感同身受，心里有了慈悲，进而真正去体谅、理解、尊重和爱。这时候的礼是一种选择。建议可以先践行，在践行中自然会有新的感悟和收获。

（10）自我管理，意味管理自己的情绪、时间、身材、着装、行为举止等。比如无论是使用筷子还是刀叉，都按照规范来，不断练习就形成了一种行为习惯，性格也在这不断的践行中变得理性、冷静、自制。生命的河流就能按照自己所期望的方向流淌！

二、关于礼仪的学习

（1）礼法的真义是探寻生命的本质，经过多年的行为训练，内心也被锻炼得更为坚毅也更为柔软。自由之道，其实一直存在于当下，存在于这里。活在当下，专注于此刻，才能心无挂碍，自由自在。

（2）在人群中遵守那些约定俗成的行为规范，但永远不丢失一颗自由的心。不断去践行，去管理每个当下，直到自己真正成为自己生活的主宰。更自律、更自由、更有趣，让这譬如朝露的人生更加美丽！

（3）礼仪是行为学，通过阅读可以掌握规范，但更重要的是要训练，要践行！

（4）卓雅礼仪的经典礼仪课程通常都有举止礼仪，并对仪态进行训练。我认为仪态训练的意义有三：第一，可以让举止得体，表达对交往对象的尊重；第二，可以让身姿挺拔，女士显得更自信更有气质，男士则更显阳刚之美体现绅士风度；第三，长期的行为训练可以让一个人更冷静、更自制，甚至会影响内心，让人更坚毅也更柔软。

（5）礼不仅仅是你的动作有多么的规范，姿态有多么的婀娜，真正的礼的精神，一定对人有深刻的悲悯和体恤，有发自内心的尊重（或者爱）和关怀。所有的外在形式（仪）都是为了表达内心的善意和美好！一个国家要成为真正的强国，不仅有商业文明，更需要国民素养的建立和提升。大国崛起，首先是文明和良知的觉醒。

（6）一个人的修养不取决于学历、地位的高低，而在于品行举止。礼仪，是以敬的姿态、舍的智慧，来赢得双方关系的和谐。一个谨守礼仪的人，相信在工作上会尽自己本分、富有责任感；相信在商务合作中会具备双赢思维，能考虑到他人的付出，照顾到他人的利益。可以说，礼仪是一个人的信用指标！收获的是自己的心安，他人的信赖。

（7）马斯洛的需求理论把人的需求分为生理需求、安全需求、爱和归属感、尊重需求和自我实现的需求，依次由较低层次到较高层次排列。当较低层次的需求被满足后就有更高层次的需求。在物质文明高度发达的当今社会，生理需求和安全需求基本得到满足了，爱和被爱、尊重和被尊重就成了更多人的渴望。而礼仪是表达尊重的艺术，通过一系列规范来展示友善和自信，让人与人之间更愉快地相处。不得不说，每个人都需要一堂礼仪课，因为每个人都渴望得到尊重。

（8）你养成怎样的习惯，就拥有怎样的生活。

（9）关于学习礼仪我能想到的最好方式是记住它，践行它，然后忘记它，让它成为你身体、血脉、习惯、生活方式的一部分。仿佛你生来如此，而TA恰好看到！

三、关于礼仪和形象

（1）得体的形象可以帮助我们更容易赢得信赖，最关键的是让我们更自信更勇敢，为心中所向，持之以恒。

（2）餐桌上保持优雅的秘诀：体态是第一位的，建议就餐时身板挺直；第二是小口咀嚼，避免口腔中都是食物。慢一点，从容一点！

（3）关于气质，个人认为有两个前提条件：一是如苏大才子所说"腹有诗书气自华"；二是姿态，比如永远目光自信地正视对方，胸腔抬起，挺直脊梁。

（4）想在职场成功，职业女性的着装不应该以"美丽"为唯一依据。我建议职业女性着装要考虑场合、身份、商务着装规范，必要时也要顾及交往对象的审美和感受，尤其是对你职业生涯有重要影响的人士。一位经常穿职业装的人会强化自己专业而严谨的一面，一位经常穿性感服装的人举手投足会显出妩媚和娇柔。若长期固定某一种风格，它的影响力往往会通过你的外在渗透到内在。在职场，得体比漂亮更重要！

（5）少就是多，经典就是永恒的时尚。职业女性衣橱里最需要的是那些经典款，或者说是基本款，你的自信和品位就在那些极简的设计里。再通过佩饰画龙点睛，用仪态展示风度和自信，就能在职场上塑造良好的第一印象。

（6）优雅是女人最美的外衣，展示着内外的和谐，彰显着内心的从容和自由。

（7）看一个人我喜欢先看对方的眼睛，自信、温暖、淡定的眼神最吸引人；其次看着装，尽显品位和生活方式；再看举止，品行、修养、才华、气度都在这里；然后听声音，语音语调都是心性；最后会仔细听内容，遣词造句中尽显底蕴、内涵和深度。以貌取人，是科学的！

（8）最好的投资是投资自己，让自己内心强大而自信，外在优雅而得体。

（9）在职场中立足，不仅需要气质还需要气场。它能助你赢得信任，掌控场面，提升自身魅力。气场的强大首先是内心的强大，内心的强大很大一部分原因是自信，而自信来自实力。先天的成分很少，更需要后天的修炼和培养。

（10）中华传统审美强调尽善尽美，美的最高理想是美和善的结合。某种角度，礼仪是最好的美学教育。因为它的内核是仁，外在表现形式涉及个人形象、仪态举止、穿衣打扮、气质风度、餐桌礼仪、待人接物等多个方面，这些无不和美相关。

作为美和善高度融合的一门学科，礼仪是最好的美学训练，它也是生活的艺术。

（11）更高阶的形象管理，是日常生活中好习惯的养成。

（12）管理好形象，就迈出了成功的第一步。

（13）如果你整体形象体现出尊严感，对方也会举止得当，因为你在言传身教。

四、关于商务礼仪和企业管理

（1）从了解礼仪规范到实际运用再到养成习惯，就是职场人士管理自己、约束自己、驾驭自己的过程，也是员工形象、客户体验、企业形象和品牌形象不断提升的过程。商务礼仪，职场人士的必修课！

（2）在接待客户过程中，流程是骨骼，礼仪是血肉，让接待更有温度！客户与品牌方接触的每个环节都可能影响其对产品和品牌的信任和忠诚度，对待客户的方式决定了客户对品牌的印象，创造良好的客户体验能为品牌带来溢价能力。

（3）礼仪项目能够高效落地，一方面是职场人士需要专业的培训和辅导；另一方面，也离不开企业管理层的重视和支持。从知道到做到还有很远的距离。培训解决知道的问题，员工的自驱力和有效管理（企业文化、工作标准、内部培训、激励机制、奖惩制度等）解决做到的问题！

（4）培训不仅仅是针对一线人员的，要真正提升服务水平，个人认为领导者和管理人员也需深谙服务文化、了解礼仪规范。无数案例表明，管理层知道并且能做到，就能起到事半功倍的效果。他们以身作则带头示范，就能起到表率作用，进而影响、带动、督促团队去更热情、有礼有节地接待客户，从而真正形成企业的服务文化，提升服务水平！

五、关于自我管理

（1）独处时暗示自己正处于众目睽睽之下，受到众人注视，需要像公众场合一样约束自己的行为举止，并且不断练习直到养成习惯。而在公众场合，又暗示自己是在家里，如入无人之境，所以从容自在。坚持几年，这些举止就融入自己的血液中，变成了下意识的行为。行为变成了习惯，而习惯造就你我。总而言之，用好习惯代替坏习惯，然后坚持直到非常自然。

（2）西方有句谚语"You are what you eat"，的确，饮食对身材、健康，甚至情绪都有很大影响。多吃蔬菜水果、粗粮和坚果，高蛋白高纤维有丰富维生素的食物是我的首选，再每天吃点蜂蜜和橄榄油。健康的身体七分吃三分练，健康合理的饮食结构更重要。身体是灵魂的圣殿，照顾好自己的身体是对自己生命的最大尊重！

（3）尼采说："所谓高贵的灵魂，是对自己怀有敬畏之心。"在任何年龄都能统治自己的内心和外表，并能管理好自己的情绪和行为，也是珍视自己的体现吧！

（4）你是你所有习惯的叠加，好习惯造就美好人生！

（5）所有成长的秘诀在于自我克制、自我驾驭、自我管理。成为自己的领导者，掌握自己人生的航行方向！

（6）每个人都应该对自己的形象负责！你对美的追求，使你的服饰整洁或者随意，使你的举止柔和或者僵硬，最后甚至微妙地雕刻你的五官。你想成为什么样子，最后就会成为那个模样，那是一种自我追求的幸福！

（7）管理当下的每一刻，这一刻的心意、行为不同，你已经开始重新书写人生！

（8）弱者易怒如虎，强者平静如水，通过行为的刻意练习，去驾驭自己的内心。

（9）仪是为表达礼，我们尊重规则但可以不被规则捆绑，我觉得礼仪活学活用是很重要的。可以先了解约定俗成的规范，知其然也知其所以然，然后不断地去践行。践行的过程也是在不断触摸最合适的尺度，得体和分寸感自然而来。融会贯通之后或许也可以接近古人至大高明又充满智慧的中庸之道。守住这个中位，在人生的选择上就会更有智慧。

你是你全部习惯的叠加，那些日常生活中的小细节让你成为你，造就你的行为模式、影响你的形象、决定你的人际关系，甚至真实地降临到你的作品中，构成你的世界。改变，从自我观照开始、从每一个细节开始、从当下开始。

贾惠

2025 年 3 月